超圖解

改變人生的
放手清單

石川和男
時間管理權威

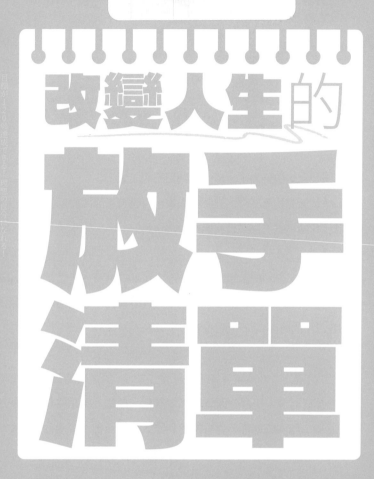

30萬人實證！夢想達成率120%的 時間管理魔法筆記，
不加班也能達到業績，甚至更好，創造你的夢想人生！

目標達成率 120% 的魔法

謝謝你閱讀本書。我是石川和男，你是否天天都在煩惱著……

「我已經很努力了，卻達不到預期的成果。」
「每天光忙著工作，沒時間去找出自己真正想做的事。」
「我還掌握不到『自我風格』……」

你因為這些煩惱而悶悶不樂嗎？我20多歲時，也是每天都加班到半夜，在忙碌的生活中迷失了自己。而且不管我再怎麼努力，得到的成果和我付出的時間完全不成比例。

我心想：「再繼續這樣下去就慘了！」，於是開始每年讀100本書，也參加研討會，學習時間管理和效率化。於是，現在的我，即使手頭上有五項工作同時進行，也有餘力和家人、朋友出去喝喝酒或唱KTV，每一天都過得很充實。因此，很多人都稱我是「時間管理專家」。

接著，我寫了好幾本書，教授「時間管理」和「工作效率化」的方法。目前累計有三十多萬人看過這些書，我也收到很多讀者回饋，心中滿滿的感激。在這些書裡，我多次介紹「任務筆記」。在協助你做時間管理、達成目標上面，「任務筆記」可以發揮極大的效果。

透過任務筆記獲得極大效果之後，還有再往上加強效果的方法。這就是本書要介紹的「放手清單製作方法」，同時也是傳奇投資家華倫・巴菲特（Warren Edward Buffett）所推薦的，達成目標的最有效方法。作業流程非常簡單，但能讓你體驗到有如魔法施加在自己身上一樣，目標一個接一個達成，並且實現你理想中的自己。在本書中，你可以透過插圖來理解「放手清單製作方式」，一眼就領會到其中奧妙。

本書特別推薦給這些讀者：

＊讀過好幾本勵志書籍，但仍然沒有達到預期目標的人

＊非常賣力工作，卻因達不到預期成果而喪氣的人

＊想完成「尋找自我」的旅程，希望享受人生的人

＊每天加班，想改善工作方式的人

＊身任專案經理等職務，需要整合團隊的人

在第1章，我會詳細說明「放手」的重要性及理由。第2章以簡單易懂的方式介紹「放手清單」的製作方式。第3章提出能幫助達成工作目標的「放手清單」建議。在第4章中，為實現理想的自己，建議幾項有益的「放手清單」。第5章介紹實現目標達成率120%的12項指引。第6章解說有助於達成目標的「G+PDCA」循環方法。

我由衷希望你透過閱讀本書，能夠使你設下的目標一件接一件達成，並與理想中的自己相遇。

石川 和男

超｜圖｜解
改變人生的
「放手清單」
- contents -

Chapter 1
爲什麼「放手」很重要？

Chapter 2
夢想實現者
才知道！
放手清單
製作方式

Chapter 3
職場成功人士的放手清單

Chapter 6
讓人生大逆轉！
「G+PDCA」魔法

第1章
爲什麼「放手」很重要?

應辦事項

放手事項

坦白說，「放手」的選擇，
對工作與人生都會有極大的影響。
本章要探討箇中緣由。

01 認清「施力點」，工作與人生都將改變

工作效率高的人都知道要在何處投注精力。換句話說，他們知道「要做」哪些工作，而哪些工作「不要做」。

　　你認為「工作效率高的人」與「工作效率低的人」之間的決定性差異是什麼？是否很多人會回答「工作技能的高低」、「腦筋靈光程度不同」、「知識與經驗的差別」呢？當然，這些都是影響工作表現的重要因素，但還有更為關鍵的決定性要素。那就是「分辨真正應該投注精力的工作」、「盡全力迅速完成那些工作」、「並且將其他工作委託給他人」的能力。

工作效率高的人與工作效率低的人的差異

工作效率高的人

工作效率低的人

工作效率高的人與工作效率低的人的差別在哪裡？
「先做優先順序高的工作」？
「把應辦任務可視化」？「經常稱讚部屬」？
不對，這些都不是正確答案。

　　簡單來說，就是分辨「**施力點**」和「**放鬆點**」。世上流傳著不少增進工作效率的方法，包括列出工作的優先順序，先處理優先順序高的工作，或者將應辦事項寫在便條紙上，讓工作可視化等。坦白說，這些方法並無法真正增進工作效率。明辨出「該做的工作」，把「不做也無妨的工作」交給他人去執行，才能讓你的人生產生實質上的巨大轉變。

認清施力點，工作更有效率！

面談　　電子郵件

郵寄　　面交

直接詢問　　獨自煩惱

分辨出該放手的工作，
集中在應辦事項上，
工作更有效率！

如上圖所示，
工作效率高的人清楚「施力點」何在，
知道哪些是放手事項！

過半的人用在加班上的時間，佔去了人生的1～2年

日本人的一生當中，用於加班的時間就佔去了1～2年。請留意，持續加班的生活，將是人生的莫大損失。

應該有很多上班族認為加班是理所當然的。根據日本厚生勞動省的公告，上班族的平均加班時數，為每個月14個小時。但我認為這個數字遠低於實情。實際的加班時數，推測應該是每個月25個小時。這樣推算下來，一年的總加班時數就相當於12天，如果每人的工作年數以25～45年來計算，那麼一生當中就有1～2年的時間都用在加班上面。

＊厚生勞動省：日本中央省廳機構，相當於衛生福利部與勞動部的綜合體。

你留意到加班的壞處嗎？

加班的人

不加班的人

已經一直待在公司好幾天了，沒時間和家人、同事以外的人見面……

我回來了～

現在開始講課了

加班最大的壞處是長時間待在公司，
使得人際關係變得狹隘。
並導致我們的思考和創意發想都僵化起來了。

　　把如此龐大的時間，用在原本可能不做也無妨的「加班」上面，不覺得毛骨悚然嗎？而且，加班也減少了和其他人互動、與家人相處的時間，長遠來看，工作與人生的品質也因此降低了。而且，考慮到往後是複業時代，從事副業相當正常，可能也不會再有加班費了。在這種時代，要怎麼讓自己不加班呢？今後能夠在社會上存活下來的人，是能正確理解加班會有所損耗，並朝不加班方向前進的人。

加班會對我們的生活造成威脅嗎？

加班一點一滴地侵蝕我們的生活。
日本人每年大約有12天用在加班上面，
隨著複業時代來臨，可能連加班費也不復存在了。

03 人的專注時間非常短暫

如果你認為加班是理所當然的，那麼請你理解加班的壞處，只有百害而無一利。

　　加班時數增加，會產生什麼壞處？首先，回家時間延後，睡覺時間也延後了，導致睡眠時間大幅縮短。睡眠時間縮短後，隔天的專注力就會低落，工作效率也因此降低。而且因為睡眠不足而影響產能，增加犯錯機率，接著還要再花時間來彌補錯誤。最糟的情況，是對健康產生危害。持續加班，就會陷入睡眠時間被切割、減少，專注力與產能下降、加班時數增加的惡性循環。

人的專注力有限！

專注力能持續到起床後

　　請意識到人能夠**專注**的時間有限。例如早上6點起床，能專心工作的時間，是起床之後的12～13小時左右。而起床後15個小時，也就是晚上9點之後，據說人的精神狀態就和「喝醉酒」一樣了。換句話說，加班時的產能和喝酒開車時是同一等級的。加班不僅降低了隔天的產能，而且加班時的產能與喝酒開車沒什麼兩樣。所以說加班真的是百害無一利，應該馬上戒掉利用加班來完成工作的習慣。

　　起床後的12～13小時左右，是能夠維持專注的極限。
　　若是早上6點起床，晚上9點就會像喝醉了一樣，產能低落。

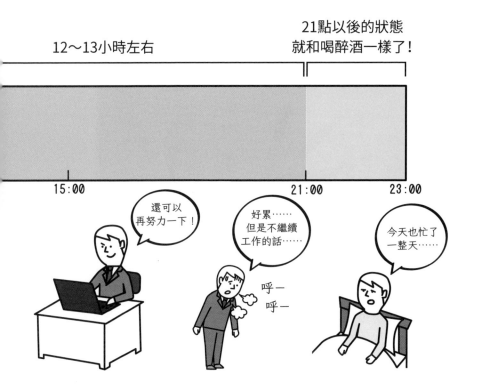

12～13小時左右

21點以後的狀態
就和喝醉酒一樣了！

15:00　　　　　　　　　　　　21:00　　　23:00

還可以
再努力一下！

好累……
但是不繼續
工作的話……

呼—
呼—

今天也忙了
一整天……

04 「馬上做」是令工作遲緩的原因！

不少人接到臨時被交辦的任務時，會馬上處理。但這種習慣正是導致工作延遲，而不得不加班的原因。

　　很多人以為會加班，是因為「工作太多了做不完」。為了盡快消化工作量，有不少人會盡可能「馬上做」應辦的工作吧？不過，事實可能令你驚訝，**「馬上做」**這個習慣，正是讓你的工作進展緩慢的要因之一。怎麼說呢？因為要馬上做突然被交辦的小任務，就會中斷已經集中在手上工作的專注力了。

你是否養成了馬上做的習慣？

馬上做被交辦的工作！這樣主管才會開心！

回覆電子郵件

接聽電話

記帳

使用碎紙機

回覆LINE訊息

應該有很多人養成了習慣，馬上就會去處理突然被交辦的小任務或例行事務。不過，這個習慣會降低你的產能。

舉例來說，工作時突然收到一封預期外的電子郵件，或者接了一通電話。接著，原本不是該你做的預定外任務，也跟著落在你頭上了。就算每項任務的難度都不高，但如果你都選擇了「馬上做」，那麼你的專注力就會一次次被中斷，而最重要工作的完成時間，就會不斷往後延了。我們會加班的原因之一，其實就是因為養成了「馬上做」的習慣。

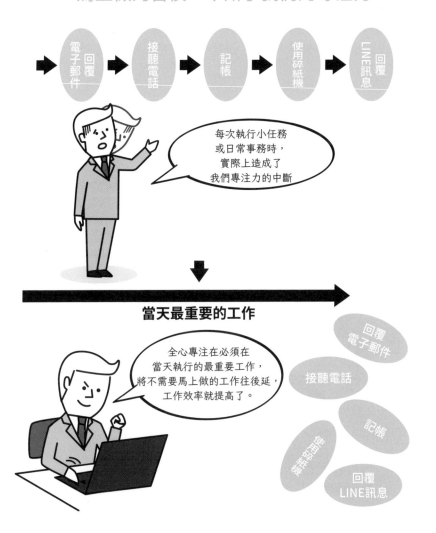

馬上做的習慣，中斷了我們的專注力

電子郵件 回覆 → 接聽電話 → 記帳 → 使用碎紙機 → LINE訊息 回覆

每次執行小任務或日常事務時，實際上造成了我們專力的中斷

當天最重要的工作

全心專注在必須在當天執行的最重要工作，將不需要馬上做的工作往後延，工作效率就提高了。

回覆電子郵件

接聽電話

記帳

使用碎紙機

回覆LINE訊息

禁止進行「腦內多工」

或許有很多人希望能成為可以多工的人，但人的大腦原本就無法同時進行兩種以上的工作。

　　有的人為了保持前文提到的「馬上做」的習慣，而考慮採用「多工」方式。多工是指同時進行多項工作、任務或事情。或許有很多人肯定多工的方式。坦白說，有一般人可以辦得到的多工，也有一般人辦不到的多工。我們大多數人想要進行的多工，都是「辦不到的多工」。

多工分兩種

這兩種多工當中，有一種是絕對禁止的。你認為是哪一種呢？

多工可以分成兩種。用同一個大腦同時執行兩項以上的工作，亦即腦內多工，以及同時用腦和身體分別執行不同的工作，亦即大腦與身體的多工。我們辦得到的是後者（邊泡澡邊看書之類的），但辦不到前者（同時閱讀多本書等）。所以，我們不可能在執行一項工作時，又同時處理另一項工作。所有的任務，原本就要一個接一個進行。也就是說，不採用「單一任務化」，就無法有效率地完成工作。

絕對禁止腦內多工的理由

大腦無法同時
理解多本書的內容

讀一本書時，
只好把其他書闔上

進行腦內多工時……

效率低落　　生產力低下　　錯誤增加

人原本就是無法進行多工的生物。大腦一次只能思考一件事。禁止同時進行兩件以上的事情。

爲了「納入」某物，必須有所割捨

爲了確保時間來從事真正有益於自己人生的活動，必須割捨某些正在做的事，以便「納入」新事物。

　　我們不得不加班，是因爲工作太多、太忙了。而我們沒辦法爲自己的人生做真正想做的事，是因爲沒有時間。請問，你要怎麼撥出時間來做你真正想做的事呢？在處理諸多應辦事務之間，硬擠出時間來嗎？或是犧牲睡眠時間來做呢？這些方法既不完全又有諸多缺點，我不建議你這麼做。

你對如何使用24個小時有自覺嗎？

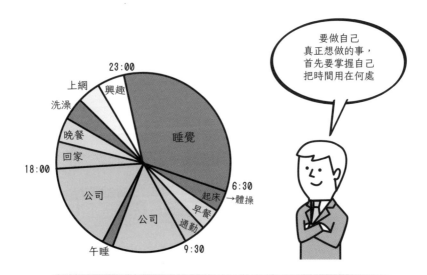

能一邊工作一邊實現夢想的人，與其他人的差異在於「利用時間的方法」。先掌握住自己是如何使用一天的時間吧！

　　要撥出時間來做自己想做的事情，我們有必要「割捨」目前正在進行的事。如果不割捨，就沒辦法「納入」新事物了。先客觀檢視一下自己的一天，在哪些事情上花了多少時間。一定要找出哪些時間是浪費掉的。以30分鐘為一個單位，仔細觀察自己的一天。檢視之後，你就能發現「哎呀，這些時間浪費掉了！」、「這件事可以交給別人！」。

對自己的時間做出「選擇取捨」！

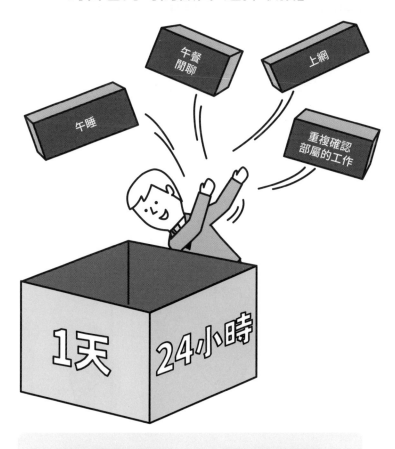

一天的時間是有限的。為了「納入」想做的事情，
就要從既有的活動當中，「割捨」浪費時間的項目。

將生出時間的想法，改成切割出時間的意識

把忙碌當藉口，遲遲無法確保時間去做真正想做的事，這樣好嗎？為改變人生，切割出時間吧。

為了實現改變人生的目標，有必須要做的事情。而且，也必須確保時間來做這些事。話雖如此，有些人會不知所措，問「怎樣才辦得到？」。可是，即使加班量再大的大忙人，也能在一天撥出30分鐘來，做自己想要做的事。如果一直以「我很忙」當藉口，而無法撥出時間給自己，那麼你的人生就不會有任何改變。

你不做的理由，是因為優先順序低嗎？！

如果達不到，就會被迫離婚……

在○○之前沒加薪的話，就跟你離婚

如果達成了，就能得到100億日圓……

如果這次專案達成目標，就給你100億日圓

如果沒成功，就會被解僱……

TOEIC測驗沒拿到900分的話，你就被解僱了

再怎麼忙碌的人，一天當中總能撥出30分鐘來。但我們還是不做某些事，單純只是因為它們的優先順序低罷了。而一旦無路可退時，任何人都會起身而行了。

　　一天30分鐘也好。若想撥出時間來做自己真正想做的事，首先將那30分鐘留給優先順序最高的活動。如此一來，就只剩如何有效率地完成其他工作這個問題而已。接下來，要請你意識到，時間不是生出來的，而是**切割**出來的。請看下圖。仔細檢視一下這些日常行為，思考一下可以切割哪些部分。一天只要30分鐘，應該是任何人都能夠辦得到的。

時間不是生出來的，而是切割出來的！

仔細想想，
的確有不少時間浪費掉了。
一天不只可以生出30分鐘，
連1個小時都不成問題！

電視

加班

網路

洗澡

電動遊戲

午餐休息時間

看體育競賽

晚餐

掌握了自己平常在哪些事上花了多少時間，再把浪費時間的活動切割掉。只是枯坐等待，時間也不會自動生出來。

第2章
夢想實現者才知道!
放手清單製作方式

應辦事項

放手事項

只有眞正的夢想實現者才知道
放手清單的製作方式。
本章要說明其方法與效果。

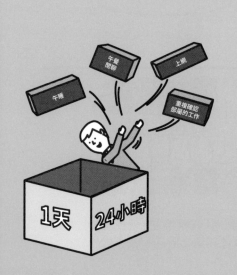

01 有了任務筆記，該放手的事項就一目瞭然了

為了找出應該「放手」的任務，讓我們先學習「任務筆記」的製作方式吧。接著就能分辨出哪些事項應該放手了。

　　本書的主題是透過「放手清單」的製作，來提升工作效率。但在製作放手清單之前，先了解「任務筆記」的製作方法，即可透過逆向推演，明確定義出什麼不做比較好。本章會先說明任務筆記的製作方式，再透過它來學習製作放手清單。製作任務筆記的要點：將所有應辦事項全部寫在筆記上。

為了把放手事項區分出來，先把應辦事項弄清楚

把應辦事項
逐項寫下來，
自然就看得出
該放手的工作了！

應辦事項

應辦事項

放手事項

為了製作「放手清單」，可以利用「任務筆記」來反向操作。清楚知道應辦事項後，就能夠看出哪些事情不做也可以。

把當天要做的事全部寫在筆記上，只要一看就能掌握全體，這點非常重要。要做的事不限於工作，也包括回家途中去繳交水電費、把信投入郵筒等私事，把每一件事寫下來，讓一切可視化。接著，在完成的任務上畫個紅色○，表示那個項目達成了。這麼做的理由是，除了可以享受成就感之外，因為所有事情一目了然，容易排列出「優先順序」。另外，也能清楚看出哪些事「不做也無妨」。

「任務筆記」的效果何在？

預見自己的成就	容易為應辦事項列出優先順序
今天第一件事是整理開會文件	1. 2. 3. 4. 5.

會忍不住想要做寫在筆記上的工作

寫下所有應辦事項後，就能縱觀全體，容易排出優先順序

製作「任務筆記」，同時也清楚了哪些工作不做也無妨，而且也啟動了預見自己成就的機制！

只要把應辦事項全部寫在筆記上

製作「任務筆記」的原則：將筆記本頁面上的35行，每一行當作一個15分鐘的單位，寫上所有的任務，加以細分化。

接下來說明「任務筆記」的具體製作方式與使用方法。基本上，要在任務筆記裡寫下所有的應辦事項，包括公事與私事。首先，準備一本橫線35行的筆記本，在左右兩頁分別逐行寫上數字1～35。這兩頁，代表你一天最大的工作量。接著，將左頁的1～30行，每一行當作「15分鐘以內」的單位，分別寫下一個任務。

製作基本：將所有任務寫在筆記本對開的兩頁上

當然，我們的任務不盡然都是15分鐘之內就能完成的，所以也會出現橫跨數行的任務。這時，請依照下圖所示，將這些任務「細分化」。將每一項任務都分解成能夠在15分鐘之內完成的小任務。然後，為了保留時間來因應突發狀況，請預留4行（1個小時）當作緩衝。緩衝是備用時間。有了緩衝時間，就有餘力去應對預料之外的狀況了。

將所有任務細分成15分鐘以內能完成的小任務

	15分鐘	複印去年度財務報表
	15分鐘	核對現金
製作財務報表	15分鐘	核對存款
	15分鐘	整理應收票據
	15分鐘	整理應付票據
	15分鐘	送交主管確認

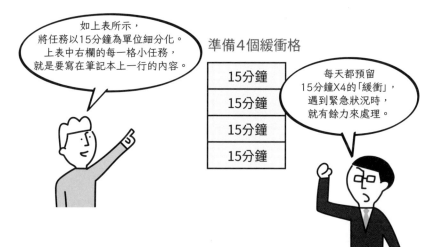

如上表所示，將任務以15分鐘為單位細分化。上表中右欄的每一格小任務，就是要寫在筆記本上一行的內容。

準備4個緩衝格

15分鐘
15分鐘
15分鐘
15分鐘

每天都預留15分鐘X4的「緩衝」，遇到緊急狀況時，就有餘力來處理。

以15分鐘作為一個任務的單位，採取「工作14分鐘休息1分鐘」的作業循環，即可增進效率。

03 每天的例行工作與新的行程，全都寫在筆記上

在「任務筆記」上，寫上包含例行事項在內的所有「應辦事項」，不分公事、私事，也不分時間帶。

　　在「任務筆記」的左頁1～30行寫下預定的任務之後，第31行就寫下「例行事項」。把平時定期執行的任務寫下來。再將例行事項以「上午」、「下午」、「晚間」，以及「日」、「週」、「月」等時間帶做區分，整理在另一張紙上。其中，必須在當天執行的例行事項請寫在第31行，然後把第32行當作「備註」使用。

把例行事項也寫在筆記上

丟垃圾
每天早上

洗餐具
每週5天

伸展操
每天早上

整理郵件
每週1次

把平日的「例行事項」也全部寫在「任務筆記」上。如此就能綜觀自己生活的全貌。

第33行用來寫下當時無法即時處理，但之後必須處理的「待辦」事項，用來提醒自己。第34～35行則是自由發揮的空間。右頁用來寫下新的行程，或靈光一現的想法等，自由運用。例如，「不急著在今天完成的工作」、「臨時被交辦的工作」、「可以委託他人的工作」、「電話備忘錄」、「當天加入的新行程」之類的。每一天都重複這些作業。

例行事項的寫法

將例行事項以執行時間帶來分類！

應辦事項全部寫下來之後，就能很清楚我們的時間都用在什麼地方。如此就能分辨出哪些是不需要做的事。

04 任務筆記釐清「不用自己做也無妨的工作」

把所有的工作、行程全都寫在任務筆記上的好處，是容易列出任務的優先順序，清楚看出不做也無妨的工作。

製作好「任務筆記」後，就來實踐一下吧。寫在筆記上的「應辦事項」，在確實完成後就畫一個開心的紅色○。而沒完成的、要延後到明天以後的任務，就在上面畫上一個屈辱的藍色○。當你每天在筆記上做記錄，就會經常看到「沒完成的待辦事項」，所以畫上藍色○的任務，總有一天你會去處理的。紅色○和藍色○，提高了你的工作動力。

紅色○與藍色○激發動力

完成的任務 畫上紅色○	當天沒完成的任務 畫上藍色○

在完成的任務上畫紅色○，清楚把握自己的進度。也在當天無法完成的任務上畫藍色○，將必須處理的任務處理可視化。

而在任務筆記上寫下所有事項，還有一個更大的好處。所有事情都寫在筆記本上，方便決定各項任務的優先順序，因為能夠以**客觀的視角**來俯瞰自己的任務，更容易分辨出「不用自己執行的任務」與「可以委託他人的任務」了。如果發現這一類型的任務，可以在底下畫藍色波浪線，思考一下要用什麼方式處理，以及委託給誰。

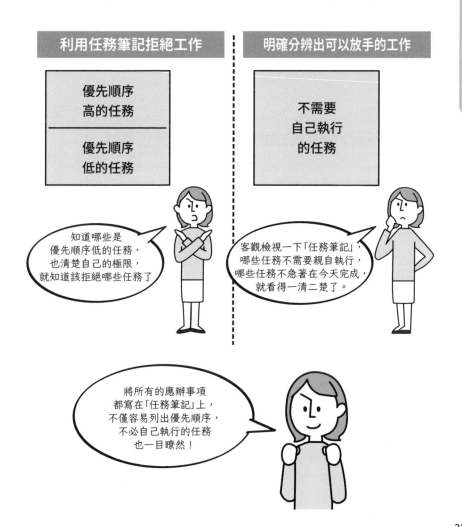

透過任務筆記，就能看出哪些任務可以放手！

利用任務筆記拒絕工作

優先順序
高的任務
────────
優先順序
低的任務

知道哪些是
優先順序低的任務，
也清楚自己的極限，
就知道該拒絕哪些任務了

明確分辨出可以放手的工作

不需要
自己執行
的任務

客觀檢視一下「任務筆記」，
哪些任務不需要親自執行，
哪些任務不急著在今天完成，
就看得一清二楚了。

將所有的應辦事項
都寫在「任務筆記」上，
不僅容易列出優先順序，
不必自己執行的任務
也一目瞭然！

釐清不想做的事，有何好處？

不想做的事與想做的事，兩者之間有密切的關連。鎖定目標，將所有精力與時間都投注在想做的事情上面，就能引導你達成目標。

　　釐清「不想做的事」，同時也能夠釐清「想做的事」。先把想做的事、不想做的事一件一件寫在筆記本上，不用多想。寫下來之後，就能看到想做的事與不想做的事，兩者之間有某種關係，彼此互相關聯。而且你也會發現這種關聯性：不想做的事，可能成為想做的事的動機；而想做的事，可能也會衍生出不想做的事。

不想做的事與想做的事關係密切！

想做的事

想自己創業

想擴大成最終
有 200 名員工的規模

想透過線上講座賺錢

希望獲得有名氣的客戶

希望有個人祕書和司機

想要有更寬敞的獨棟房子

想將自己的經驗寫成書

想增加與家人相處的時間

不想做的事

不想被人隨意使喚

不想一直承包工作

不想繼續讓一家四口
住在狹小的屋子

不希望接受別人高壓的態度

不想自己做時間管理

仔細查看一下，
就明白想做的事
與不想做的事之間
有著密切的關係。

美國的傳奇投資家華倫‧巴菲特（Warren Edward Buffett）主張，要達成目標，就要全心投入在特定的幾個工作目標上。首先寫出25個工作目標，在其中最重要的5個項目上畫○，之後下定決心「絕對不去碰」其他20個目標。也就是說，巴菲特主張成功的祕訣在於明確決定「放手事項」，將自己所有的時間與精力，全部專注在該做的事情上。

傳奇投資家巴菲特的目標達成法

傳奇投資家
華倫‧巴菲特

據說巴菲特傳授給自家公司雇用的飛行員的「決定優先順序的目標達成法」，也是採用在想做的事當中，釐清不想做的事（不做比較好的事）的策略。

寫下25個工作目標，仔細檢視

25個目標

在其中最重要的5個目標前畫○

25個目標

下定決心絕對不去碰其他沒加○的20個目標

25個目標

絕對不碰

35

06 只要這麼做！放手清單的製作方式

製作好「放手清單」之後，思考該採取什麼必要行動來放掉這些事，也能同時看出生活層面必須改善之處。

製作任務筆記，釐清自己「想做的事」與「不想做的事」之後，接下來就可以製作「放手清單」了。清楚知道哪些事情不做也無妨，就能讓我們更有效率地將有限的時間用在實現目標上。列在放手清單上的項目，請限定在會阻礙你達成目標的行動。列出放手清單之後，請仔細查看這份清單。

「不做」會妨礙實現目標的事情

我們的時間有限，若不決定哪些事情不要做，就會將時間浪費在無謂的事情上了

不過，並不是要把所有事情都列在「放手清單」上，喜歡的事情，沒必要放棄

重點不在喜歡或討厭，而是會不會妨礙自己達成目標

並不是將討厭的、覺得不做比較好的事情列在「放手清單」上，而是列上會阻礙你達成目標的行為或習慣！

你會發現，放手事項的相反，就是「要做的事」或「該留意的事」。請參考下圖，試著具體描述自己不做的事，也可以寫下為了不做放手事項所需採取的必要行動。這會成為你的生活或工作風格的改善基準。

應用放手清單來改變生活習慣！

① 不要過食 → ① 減少零食點心

② 不要將工作延後處理 → ② 15分鐘也好，讓自己專心處理工作

③ 不要忘了運動 → ③ 在前一站下車走路

④ 準備證照考試不要偷懶 → ④ 泡澡時順便讀書

⑤ 不要抱怨 → ⑤ 把抱怨寫在筆記本上，不要告訴別人

寫在「放手清單」上的事項，請用「肯定句」寫下來，可同時當作改善自己生活的指引。

07

優先順序高的工作，能處理的時間有限！

只是開始使用「任務筆記」，並不能從加班解脫。因為我們一天能專注工作的時間只有4個小時而已。

　　我們先回頭來看看「任務筆記」。使用任務筆記，開始展開逐一完成工作的生活後，幾乎所有的人都會發現，沒辦法在當天完成自己規劃的行程。理由何在？因為在公司上班，經常會有從天而降的突發任務落在自己頭上。因此，假設上班時間是8小時，能夠用來處理**優先順序**較高的工作，實際上只有4個小時左右而已。請你先牢記這個事實。

一天當中，能夠保有幾個小時的專注力呢？

當你發現實際上只有4個小時能處理優先順序較高的工作時，就必須為任務筆記上的工作排列「優先順序」。絕對必須在當天完成的任務、原本想進行的任務、逼近最後期限的任務等，在一開始就要列為最優先處理事項。接下來，安排這4個小時，例如平均分給上午、下午各2個小時，或採取其他分配方式，且一定要意識到「絕對要在那4個小時內完成這些工作！」。

思考一下這4個小時應該做什麼吧！

在任務筆記上寫下所有應辦事項

在今天必須完成的事項前加上優先順序

把應辦事項都寫在任務筆記本上吧！

寫好之後，在今天必須完成的事項前加上優先順序

只有4個小時能夠處理優先順序較高的工作，
所以必須為應辦事項安排優先順序。
若沒有排序，處理應辦事項的時間就會往後延，
最後就不得不加班了。

應該使用筆記本，而不用便條紙的理由

有不少人使用便條紙來做任務管理。但事實上，用便條紙來管理任務有著各式各樣的缺點。

　　讀到這裡，或許有一些讀者產生了這種疑問：「為什麼任務管理一定要用筆記本呢？不能用便條紙嗎？」。我先說結論。使用便條紙來做任務管理是絕對不行的。用便條紙管理任務，有四大缺點。一是「過度顯眼」。把任務寫在便條紙上，再貼在電腦螢幕兩側，的確會時常注意到。但因為太過顯眼，反而分散了自己的專注力，無法集中在眼前的工作上。

使用便條紙的缺點

無法專注於眼前的工作

> 經常出現在視線裡，會分心哪……

> 交報告！
> 開會時間
> 和○○約

太習慣便條紙的存在，反而毫無意義

> 一直貼在那裡，久而久之就視而不見了

便條紙剛貼上去時，常常會進入視線範圍，因此無法專心工作。
如果遲遲沒有著手進行那些任務，
便條紙就只是一直貼在那裡，久而久之就變得毫無意義了。

第二個缺點是「久而久之，視而不見」。遲遲沒有著手進行那些任務之後，我們的大腦反而會習慣那張便條紙的存在，變得視而不見，就像不存在一樣。第三個缺點是「無法保存過去的紀錄」。完成任務後，便條紙就會被直接扔進垃圾桶，無法留下紀錄。第四個缺點是「不知道完成期限」。便條紙的空間有限，通常不會在任務旁邊加註期限，常常在不知不覺之間就忘記了。

用任務筆記管理應辦事項的優點

對沒有完成產生罪惡感

寫下每天的應辦事項後，常常產生不做不行的感覺啊

筆記本可以保存任務的紀錄

完成便條紙上的任務後，就會丟掉便條紙，無法掌握去年同時期做過的事

筆記本上能確認任務的期限

這個便條紙上的任務，要在什麼時候完成……？

整理○○的文件！

用便條紙來管理任務，只有缺點沒有優點。用任務筆記來管理任務，能夠大幅增進我們的工作效率。

09 | 爲每件任務設下「期限」

要大幅增進我們處理工作的效率，就要設下「期限」。下定決心要在期限前完成任務後，我們的意識就會產生變化。

增進我們工作效率的最大要因是「期限」。英國政治學者西里爾・諾斯古德・帕金森（Cyril Northcote Parkinson）如此主張：「在被設定的工作完成期限內，工作量會一直增加，直到所有可用的時間都被用完為止」。換句話說，即使是只要專注5個小時就能夠完成的工作，若期限設定在9個小時後，我們也會消耗掉整整9個小時來進行那項工作。反過來說，只要設下期限，我們就會配合期限來進行工作。

聽過帕金森第一定理嗎？

帕金森
第一定理

「在工作能夠完成的期限內，工作量會一直增加，直到所有可用的時間都被佔滿爲止」

這項工作的期限是今天以內

本來可以更快完成的，偏偏課長打算工作到搭上最後一班電車……

據說人的習性是，
會用盡被允許完成某項任務的全部時間才會完成工作。
即使是用5個小時就能完成的工作，若期限設在10個小時後，
人就會想在期限的最後一刻才要完成。

只要看看把小孩送進幼兒園的職業媽媽，就能明白這項定理了。她們必須在傍晚特定的時間去接小孩，所以使用時間的方式極度有效率。她們安排自己的工作行程時，是抱著「一定要在這個時間前完成！」的決心。所以我們在進行任何任務時，首先應該要決定好「期限」、「最後期限」。意識要在期限內完成工作，是大幅增進工作效率的引爆劑。

想讓工作迅速進展，就要設下「期限」！

> 問題：假設以下三個人都被指派相同難易度的工作，
> 你認爲哪一個人可能會最快完成任務？

C小姐	D先生	E小姐
20多歲女性，單身	30多歲男性，已婚，沒有小孩	30多歲女性，已婚，有小孩
社交能力強、善於待人處世學習前輩，經常加班	高學歷、腦筋靈光有必要時也不排斥加班	小孩在上幼兒園，必須在17點下班

答案是：E小姐！

小孩在上幼兒園的媽媽，必須在特定時間去接小孩。因此有很多媽媽工作起來都很有效率，讓自己不加班。如此例所示，設下期限，成了促進工作效率的原動力。

10 工作效率高的人，爲什麼最優先「自己的行程」呢？

你是否會以忙碌、沒有時間爲理由，而延後「自己的行程」呢？請將自己的私人行程排在最優先順序吧！

工作效率高的人，也過著充實的私人生活。他們幾乎都是順暢地進行工作，週末與家人相處、花時間在自己的興趣上、和朋友一起行樂，公私兩方面都過得很多采多姿。爲什麼能夠如此？答案是：他們「將自己的行程，列在行程表中的最優先順位」。如果你爲了自我提升，有必須要做的事，那麼只要在你的行程表中，讓那件事的優先順序高於工作即可。

工作效率高的人上班以外的生活也很充實！

工作效率低的人	工作效率高的人
一直待在公司工作，都沒有其他活動……	
幾乎所有工作效率低的人，也沒有充實的私人生活	幾乎所有工作效率高的人，都過著充實的私人生活

爲什麼工作效率高的人也過著充實的私人生活呢？因爲工作有效率，所以是理所當然的？不對。
因爲他們會優先自己的行程，所以連帶地工作也變得有效率。

　　要把對自己的約定、自己的行程排在最優先順序，有幾個技巧。首先，將自己的行程以最優先順序排進行程表裡，意識到那些行程是必須執行的。如此一來，我們就會配合行程表來工作。接著，我也建議你將自己的行程廣泛告知上司或同事等身邊的人。對他人宣告「今天○點要到△！」，只要你自己的工作進展無礙，他人也會配合你來行動。

如何優先自己的行程？

| 把對自己的約定寫進行程表裡 | 將「自己的行程」廣爲告知 |

行程表

18:00
去○○

比工作還重要、一定要處理的個人行程，請寫在行程表上！

我今天
18點
要去○○！

知道了。
那麼在那之前
處理好
那項工作吧

將自己的行程擺在第一位，
逆向操作的結果是增進了工作效率。
因爲想要進行個人活動，就會想辦法不加班。

11　工作效率高的人才知道「工作換算成時薪」的發想

在決定放手清單時，請記得分析成本效益，將自己的工作換算成時薪，就很清楚了。

工作效率高的人經常意識著「成本效益比」來安排工作。為什麼呢？因為意識到成本與效益後，就能看清「真的應該親自執行」與「最好委託他人」的工作。不過，並不是只要切割掉所有看似浪費的項目就好了。在這個世上，也有乍看之下是浪費，放長遠來看反而對自己有益的事物（請參照下圖）。

有效率的眞義

放過小問題之後……

電腦有時跑得很慢……

還不到換新電腦的程度

放著不處理，結果是公司的電腦都變得很慢，生產力大幅下降

搭綠色商務車廂的意識

多付點車資來搭綠色商務車廂，結果大家都在工作！我也要加把勁了！

某些乍看之下是沒有必要的支出，其實是增進效率的關鍵。
因此，請透過「成本效益比」的觀點，
來判斷應該優先、不應該優先的事項。

在分析成本效益時，除了成本（數字）之外，還有其他重要的指標。也就是「感情」與「滿足感」。把金錢或時間投注在某件事物上，若能獲得極大的滿足感或喜悅，或許最後也會影響到產出。如下圖所示，以時薪來考量成本效益比，就能清楚判斷出某項工作應該親自執行，或是委託他人比較好。所以，經常有意識地換算成時薪來分析看看吧。

分析成本效益時，也將「感情」與「滿足感」考慮進去

感情 滿足感

分析成本效益不只是削除沒必要的支出，請站在更高的層次，將自己的感情與滿足感也一起考慮進去！

換算成「時薪」來分析成本效益，一目瞭然！

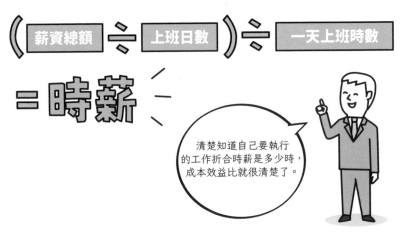

（ 薪資總額 ÷ 上班日數 ）÷ 一天上班時數

＝時薪

清楚知道自己要執行的工作折合時薪是多少時，成本效益比就很清楚了。

12 找出「放手事項」的聰明方法

想追求極致的時間效率，重點是「不要做」不應該做的事。
本章要介紹找出「放手事項」的方法。

　　你認為讓**成本效益比**達到最佳效果的方法是什麼？那就是「不做不應該做的事」。正是這個方法能夠讓成本效益比最大化，也可以說是極致的時間效率術。不過，如果還沒辦法準確分辨出不做比較好的浪費習慣，或許會把不應該切割的事項也切割掉了，產生不必要的麻煩。所以，為了對浪費習慣有所察覺，必須先知道幾個重點。

決定「放手事項」，即是最佳的時間效率術！

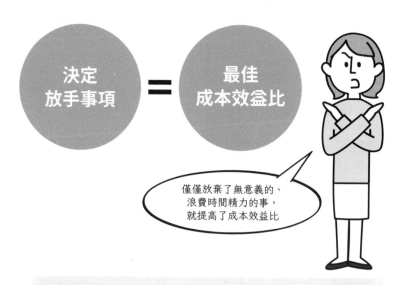

決定
放手事項　**＝**　最佳
成本效益比

僅僅放棄了無意義的、
浪費時間精力的事，
就提高了成本效益比

決定「放棄」明顯無意義又浪費時間精力的事物，就是最極致的時間效率術。看看自己的生活當中，是否存在著顯然毫無用處的事物吧！

有三個方法，可以讓人察覺到平時的浪費習慣：「傾聽新進員工的意見」、「重視新鮮人的想法」、「參考外部意見」。它們有個共通點：人們待在同一家公司久了，有時會沒注意到某些事物或習慣其實是浪費。因此，傾聽來自別家公司的新進員工、剛畢業的新鮮人的意見，就容易注意到浪費的地方，藉此來發現哪些事情不需要做。

意識到浪費習慣的三種方法

傾聽新進員工的意見

新進員工是公司裡面「持有外部觀點」的人，比起聽取其他公司員工的意見，我們更有機會從新進員工口中聽到確實的忠告。

重視新鮮人的想法

不僅是新進員工，剛進公司的新鮮人也容易留意到公司的浪費習慣。不要因為對方年輕又資淺就心生輕視，請仔細聆聽對方的想法。

參考外部意見

透過商管書籍、講座、跨業界交流會等，也可以得知公司外部人士的想法，進而留意到公司內部的浪費習慣。

第3章
職場成功人士的放手清單

應辦事項

放手事項

在職場上屢戰屢勝的人士

他們「不做」什麼？

本章要解說本書推薦的「放手清單」。

不要先做難度高的工作

早上的專注力比晚上高，就像進行正式運動之前要先暖身一樣，也有一些方法幫助大腦完全清醒過來。

早起趁著晨光工作時的專注力與效率，都比徹夜趕工要來得高，這件事已透過各種方式被證明了。不過，才剛醒來的大腦，能否馬上清醒過來，和睡眠時間、品質與體質有關。在此要介紹一個我牢記在心的技巧，讓工作效率高的人能夠充分利用早上的黃金時間。這個技巧就是：不要從難度高的工作開始處理。例如準備證照考試時，先從較簡單的問題開始解答，不用管教材內容的編排順序。

透過「勞動興奮」來激發動力！

先做難度高的工作

唉～怎麼辦才好啊……

「失敗」導致動力降低

覺得一肚子氣。喝杯咖啡休息一下吧

大腦還沒完全清醒過來時，就開始挑戰難度高的問題……除了要花很長的時間做答之外，也容易犯錯，讓好不容易激發出來的動力銳減。

一開始先解答簡單的問題，可以增加自信心。當頭腦清醒過來之後，專注力也提高了，此時挑戰難度較高、不擅長的問題，也會比較順利，激發繼續挑戰的心情。利用簡單的工作來提升大腦的意願，心理學家埃米爾·克雷佩林（Emil Kraepelin）稱之為「勞動興奮」。這也適用於身體與頭腦都疲憊時的夜間工作。請把稱為「**激發動力的例行工作**」技巧，也運用在朝活上吧。

「成功」
激發了動力

從簡單的工作
開始處理

好，先從很快
就能做完
的開始吧

工作
順順利利，
再繼續
加把勁！

換個方式

人的大腦會因
「成功體驗」而促進
多巴胺的分泌，
進入高昂狀態，
提升專注力。

02 不在「早上第一時間」處理困難的工作

大腦的清醒程度，左右了朝活的結果。在大腦尚未清醒過來時，應該避免從事幾件事。

前文中提到要充分運用早上的時間，應該從簡單的工作開始處理，這次要談談更進階的概念。有關工作的進行順序，很多商用書都提倡要「從優先順序高的工作開始著手」。這種說法沒有錯，但並不適用於朝活。怎麼說呢？因為剛醒過來時，大腦尚未完全清醒。此時，首先要做的是轉換成「工作模式」。

朝活時，先從優先順序低的工作開始著手

優先順序高的工作

「早上第一時間」
大腦還沒清清醒過來

麻煩又困難

這麼難又這麼麻煩的工作，怎麼可能順利做完～

建議你選定一個自己專屬的切換開關來轉換模式，提醒自己「做了這個，就啟動工作模式」。例如每天早上必做的喝一杯甦醒咖啡、洗臉後化好妝、擦鞋等，都可以拿來當作開關。不過，切換開關後，也不要馬上處理優先順序高的工作，或是重要的工作。基本上這些工作又麻煩又困難，如前文所述，當大腦尚未完全清醒過來時就開始處理，不會如預期一樣順利。在朝活時間處理工作時，可以從簡單的任務開始，例如製作當天的應辦事項清單等，啟動體內的能量後，再踩下工作模式的油門吧。

逐步踩下「工作模式」的油門

就像汽車引擎不會馬上飆到最高轉速一樣，切換成「工作模式」後，要先從製作當天的應辦事項清單等負擔較少的工作開始著手。

今日應辦事項
・製作A公司的報價單
・向B公司確認進度
・公司內部會議
・檢查電子郵件
・打電話給D公司
・打電話給E公司
・打電話給F公司

首先切換到「工作模式」

頭髮梳好後
就開始
工作囉！

重點

把每天早上都要做的事，作為切換成「工作模式」的信號。若採用特殊的儀式，反倒要費心來準備。因此盡量選擇不必大費周章的事情來當信號。

03 挑戰全新的工作時，不要思慮過度

從零開始進行的工作，重點在於蒐集有益的資訊。但蒐集資訊時，請不要思慮過度。

被交派「全新的工作」時，不僅至今為止的經驗都派不上用場，甚至也無法期待先進能提供有益的建議。這時第一件要做的事，就是蒐集有用的資訊。蒐集資訊時，要提醒自己千萬不要思慮過度。如果因為考慮太多，設下種種排除條件，將導致選擇資訊時有所偏差。常見的狀況是，一開始因不符合條件而排除的資訊，事後卻發現是有用的資訊。不思慮過度，可減少再次搜尋「那個資訊在哪裡？」的時間損失。

考慮太多，導致資訊的選擇變得狹隘

此外，在蒐集來的資訊當中，如果直覺「這個可能有用」，就要馬上寫下來，以免事後忘記。因為人腦就像記憶體，有一定的容量。為了記住新的資訊，基本上就會把舊的資訊忘掉。反過來說，常努力要記住某項資訊時，會過度專注在該處，導致大腦的活動力低下。因此，隨時寫下重要的資訊或想法，記錄在「腦外」，讓大腦保持在可以順利蒐集資訊或思考的狀態。

腦的記憶容量有限

腦的記憶分成兩大類

短期記憶

保存期間較短的記憶。新蒐集到的資訊、靈感等創意發想，屬於短期記憶。

長期記憶

短期記憶的內容被重複存取多次後，被長時間保存下來的記憶。現在還記得學生時期的課本內容，正是因為這個緣故。

短期記憶很快就會遺忘

正因為如此，必須隨時做記錄，保存在「腦外」。

減輕腦內的資訊量

減少腦中保存的資訊量，就能記住新的資訊，進而有餘力產生新的創意發想。

不要獨自煩惱

發生問題時，絕對禁止試圖自己一個人去解決。找別人談談時，或許能發現解決問題的切入點。

在挑戰全新的工作時，心生「不知道該如何是好」的感受是正常的。例如，讓25歲左右的單身男性，進行以幼兒的媽媽為對象的商品開發時，即使他能夠蒐集到相關資訊，但他有可能絞盡了腦汁，也分辨不出哪些資訊是真的能派上用場的。遇到這種任務，千萬不能獨自煩惱。積極向周邊的人請教解決之道，是工作效率高的人會採取的應對方式。

自己一個人的腦袋有極限！

工作並非都落在自己的「擅長領域」

這次為媽媽們開發的產品，由你來主導

看了不少社群媒體的相關貼文，但男人搞不懂哪～

我是連女朋友都沒交到的單身漢耶！

有絞盡腦汁也得不到結論的問題

找別人商量，除了能夠知道自己想法的優缺點，還可以從自己沒有的觀點或思考方式中獲得啟發。這就是所謂的「借用**別人的智慧**」。如此一來，有可能出現自己一個人絕對無法產生的嶄新構想，或者藉此把自己雜亂無章的想法整理得有條不紊。順帶一提，這個概念也適用在讀書上。所以不限於商用書，通讀各種書籍類別的讀書人，多半都是工作效率高的人。讀書雖然與對話不同，是單向通行的，但還是可以接觸到各種作者的不同想法。

不需要一開始就追求完美

認真的人都傾向追求工作上的「完美」。但增進工作效率的訣竅是，在還**不完整**時，先整理成形，再一邊修正，一邊「追求完美」。

　　遇到製作企劃書或簡報資料這類工作時，認真的人通常會認為「要做到完美」。當然有人因此做出完美的資料，但有更多人鼓起滿腔熱血做出的企劃書，是「資訊過多，缺乏整理，不知所云」，難以實行的吧？其實，工作效率越高的人，越不會在一開始就追求完美。即使內容不夠完整，也會先將資料整理成形，之後再重新檢視、加以修改，讓內容趨向完美。

從不完整開始追求完美

寫文章時的主觀過強，讓視野變得狹隘

這個和那個都寫上去⋯⋯

如果一開始就追求完美，結果往往是不完美

錯字太多，內容也很難懂！

對、對不起⋯⋯

事實上，大部分的人寫文章時，都容易變得主觀。這句話也適用於從事文字工作的寫作職人。出版社發行的書籍，會透過第三人的客觀角度來檢查、校對錯字、漏字或錯誤內容等，甚至還要檢查是否有歧視的內容，以確保一定程度的品質。但工作上的文書，可能無法每次都請到第三人再次檢查。因此，過一段時間後，請再重讀一遍自己寫的文章。如此一來，就可以在冷靜的狀態下客觀地閱讀檢視，進而順利推敲遣詞用字，讓文章趨近完美。

重點

比起在電腦螢幕上校對，將文章印出來檢查會更容易發現錯誤等疏漏。

重新看一次草稿，才發現自己文章的缺點～

隔一段時間再做客觀的推敲

不用在意不完整，先整理成形

先把草稿寫出來，過一段時間重讀、改寫，之後再謄寫提出即可

咦，一開始可以不必完美嗎？

不做語意不清的報告

與他人溝通時，如果使用模稜兩可的語言或表達方式，會因彼此的「解釋不同」，導致增加錯誤與問題的機率，請務必留意。

當主管來詢問工作進度時，你是不是想都沒想就回了一句「再一下就處理好了」呢？其實這種回答方式並不適切。怎麼說呢？你想表達的「再一下」，也許是一個小時，但對方很可能會理解成大概20分鐘吧。因為表達得不夠清楚。工作有效率的人多半不會**語意不清**地溝通，他們會說「大約再一個小時就完成了」，明確說出數字，讓對方不會有所誤解。

避免使用容易導致理解差異、誤會的表達方式

最近遠距工作模式普及，傳送文件檔案，多半透過電子郵件的附件或上傳到雲端硬碟了。因此，語意不清地指示「請在今天以內交出」時，對方有可能會在日期變更的前一刻才交出。如果希望在上班時間內提交的話，就要清楚說明時刻，例如「請在今天17點前交出」，就不會產生問題。另外，也請避免使用「早上第一時間」、「午間」、「傍晚」等用詞，因為每個人對時間的感覺都不同。又或是像「到○月○日為止」等敘述，容易讓雙方對「是否包含○月○日在內呢」有不同的解釋。

不開沒意義的會議

為了公司內部的溝通，免不了要召開會議。不過為了不浪費時間，需要掌握會議的種類與應對方式。

　　日本公司召開的會議，大致可分成四種：一、主管為了彰顯自己的會議。二、傳達資訊給與會者的會議。三、做重要決策的會議。四、徵求與會者意見的會議。其中，不僅毫無意義，還會降低員工動力的，為第一種只是讓主管自我滿足的會議。我們很難避開社長或管理高層召開的會議，但可以先在團隊中討論一下，是否可以避免其他毫無意義的會議。

會議分成四大類

❶ 主管為了彰顯自己的會議

只為了主管的自我滿足感而召開的無意義會議，希望從此消失。

❷ 傳達資訊給與會者的會議

基本上可以透過發給全體員工的電子郵件來取代，但依據資訊內容，有時也有必要召開的會議。

❸ 做重要決策的會議

需要讓做決策的人士審慎思考，或是需要事先告知議題的重要會議。

❹ 徵求與會者意見的會議

為了廣泛徵求意見，不需要限制與會人員，但仍需事先告知議題，讓與會人員先行思考的重要會議。

第二類會議，基本上可以透過發給全體員工的電子郵件來取代。不過，若要傳達對公司或員工將來有影響的重要資訊時，還是有必要召開會議，也需要多加考慮會議的議題。而第三類和第四類的會議，可以讓與會者事先思考一下議題，同時告知會議的結束時間。若不如此，大家將在會議中持續思考議題，白白消磨掉時間。

不浪費開會時間的訣竅

事先傳達會議的議題

下個禮拜要召開新商品企劃的會議，在明天17點前最少提出5個草案

好～

告知會議結束時間

明白了～

為了有效使用開會時間，所以禁止閒聊！也要注意時間的分配

08 不要否定部屬的人格

進公司三年之內就離職的員工當中，不少人的離職原因是與主管或先進的人際關係有關。把人逼到選擇離職的理由是什麼？

在公司待到第三年的員工，對工作已經很熟悉了，可以期待他成為公司的戰力一展長才。但根據厚生勞動省的調查，大學剛畢業進入職場就職的社會新鮮人當中，在三年內辭掉工作的約佔三成。徵才活動以及培育人才都要投入經費，在期待員工發揮所長的時刻收到對方的辭呈，對企業而言是一項重大的損失。離職的理由包括「薪水太低」、「工作條件差」、「無法活用自己的能力或證照」等，但不分性別，最多人的離職原因是「職場的人際關係」。

採取鼓勵成長的責備方法

否定人格，只會讓對方退縮

對部屬或後進使用情緒化的語言，令對方不敢說出自己犯的過錯，加劇惡性循環。

弄錯訂單上的零件編號了？！你到公司幾年了，還犯這種初級錯誤！蠢到家了！

嚇、呃…！！

你的部屬或後進在某天突然遞出辭呈，不是罕見的情況。想降低員工離職的機率，請小心不要說出否定對方人格的話，例如「連這種事也不知道，父母是怎麼教的？」、「老是出錯，你真的是薪水小偷」。情緒性的言語，只會令對方退縮，成了傷害心靈的權勢霸凌。工作效率高的人在責備部屬或後進時，會聚焦在對方的行動，提出具體的指正。接著，再給予對方如何改善錯誤行為的忠告，讓對方能夠成長。換句話說，**責備方式**影響了部屬或後進的離職率。

給予讓對方成長的忠告

是！
這次真的
很抱歉

請理解，發洩自己的情緒是「憤怒」，爲了讓對方能夠成長的苦口婆心才是「責備」。

剛熟悉
一件工作時，
最容易出錯。
你要反省一下，
但不必氣餒。
還有，以後發出
訂單之前，一定要
先知會我。

責備的是對方的行爲，而不是人格

對不起，
入庫的零件編號，
我沒弄清楚
就下訂單了

雖然只是
小小的零件，
但送出訂單前
沒有重複確認型號，
才會犯了
這種錯誤

不要說「都可以」

「都可以」，乍聽之下是將選擇權交給對方做主的貼心話，
但實際上也是把責任推給對方。

你有過這種經驗嗎？當家人問你「今天晚餐想吃什麼？」，你回答「都可以」時，對方反而嫌你厭煩。對方正是因為不知道該怎麼準備晚餐，才會特地詢問你希望吃什麼，一句「都可以」，就將做決定的責任全部推給對方了。工作的場合也相同。例如，滿心期待可以蒐集到自由的構想，對新商品企劃案的募集不加設限，卻因為主題模糊不清，反而徵求不到具體的方案。

下指示時， 同時「設限」

不設限 ≠ 自由構想

不設限容易產生混亂

我們對
罐裝咖啡的
促銷企劃
沒有設定條件，
請自由構想

超級巨星
的影像廣告
人形玩偶贈品
街頭免費贈送
與知名
咖啡師聯名

不設限，反而無法釐清需要的與不需要的資訊，造成蒐集、整理資訊的負擔

哥倫比亞大學的研究人員做了一項實驗，讓超市的果醬試吃攤分別準備24種和6種試吃果醬，結果前者的銷售量低於後者。這稱為「果醬法則」，說明當選項過多時，人會有放棄選擇的傾向。因此，工作效率高的人在對他人提出指示時，不會說「都可以」。在徵求新商品的企劃案時，會加上「與之前相同，以30～40多歲的男性為主要客群」、「前所未有的附加價值」、「商品價格大約○元」等，做某種程度的**設限**。如此一來，接受指示的一方也更方便蒐集資訊，比起不設限，更容易激發出新的構想。

設下限制，提升蒐集、整理資訊的效率

和當紅的動畫
《●●●●》
做聯名活動吧。
每一個罐身
都印上一個角色，
還可以聽到
那個角色
新錄的聲音。

《●●●●》
很受女性
和年輕人歡迎，
這個提案
很不錯！

下指示時，盡量提出具體的限制

目前罐裝咖啡的
主要客群是
30～40多歲
的男性。

歡迎提供
能刺激女性
或年輕族群
購買的企劃案。

一開始
就要
講清楚啊

價格不變動，
但要提供前所未有
的附加價值，
以拓展客群。

10 不找東西

工作桌上或電腦桌面太雜亂，「尋找」必要東西的時間就增加了。每次都浪費5分鐘找東西的話，持續一年下來，相當於浪費了30個小時以上。

　　煩惱自己的工作效率比不上同事的讀者，請檢查一下自己的桌上或電腦桌面。是不是文件堆積如山、到處都有文具、沒有分類的檔案夾佔滿了桌面……整個雜亂無章嗎？若是如此，你需要馬上動手整理歸納。如果放任這種狀態持續下去，「**找東西**」的機率和時間都會增加，用在工作上的時間就更少了。

不做整理歸納，時間會一點一滴浪費掉

| 找東西造成零碎時間的浪費 | 也浪費了他人的零碎時間 |

咦？
昨天寫的文件
跑到
哪裡去了？

哎呀，
沒辦法了～

對不起，今天要提出的文件，因為原始資料不見了，請用E-mail傳給我。

多數工作效率高的人原本就擅長整理歸納，或是勵行精簡主義，不會出現「那個東西在哪裡？」而手忙腳亂的情況，不會浪費零碎的時間。即使一天只節省幾分鐘，大大持續下來，一年就省下了相當可觀的時間。而且，若團隊中的每個人都將整理歸納牢記在心，不浪費「幫我找一下」、「借我○○」之類的零碎時間，工作效率會更加顯著。會找東西的人，請你只留下最小限度的必要物品，也丟掉桌邊不用的東西。保存在電腦裡的舊檔案，將重要的資料儲存在外接式硬碟後就立刻刪除！為留下的物品決定好「固定位置」後，就能很快取用物品。

務必決定好「保留物品」的固定位置

重點

若沒有決定好物品的固定位置，隨手放置，要用時會浪費少許時間在「找東西」上，找不到時又要重新購買，也造成金錢的浪費。

文具用品放在桌子右邊的抽屜，文件收到文件盒裡

E-mail或附件檔案，按照案件分類歸檔在檔案夾裡

為了不「找東西」，請整理一下自己的桌子

一天只要浪費5分鐘，每天持續下來，一年就累計浪費了30個小時以上。

只要一個鉛筆盒份量的文具用品就夠了！

桌面淨空

不要輕忽將身邊事物收拾整齊的益處。**整理歸納**也會對人的心理造成影響。

　　請在腦海中描繪你平常工作使用的桌子。若是東西雜亂無章、搞不清楚什麼東西放在什麼地方，這已經是病入膏肓了。若正在做某項工作時，就把下個工作要用的物品或資料等，放在桌上視線可及的範圍內，對工作效率高的人來說是常識等級的NG行為。人是一種不靈巧又神經質的生物，眼睛如果看到下一個任務，就會時常意識到它，而無法專注在手頭上的工作。

工作能力差的人的桌子

有人提倡「進行多工作業」，但同時進行多項工作時，就難以分辨工作與工作之間的界線，導致不管做哪一項工作都無法持續，結果多半導致工作半途而廢。為了避免這種狀況，請你只把手頭上的工作所需的物品放在桌上。完成一項工作後，整理一下桌面，順便將心情轉換到下一個工作上。如此一來，就能專注在眼前的任務上，增進工作效率。

工作能力強的人的桌子

優越點①

下個工作所需的文件放在視線範圍外的櫃子等處

專注在眼前的工作上！

優越點②

桌上只放正在進行的工作所需的物品，完成一項工作後，透過整理桌面，轉換心情

12 不被電子郵件占用時間

現在商務溝通最常用的工具仍是電子郵件。它的操作比聊天軟體繁瑣，有可能導致時間的浪費。

現在是人手一支智慧手機的時代。不管何時何地，都能輕易聯繫到他人，非常便利。但另一方面，可能隨時都會收到不緊急、不重要的聯絡事項，浪費了不必要的時間。尤其是工作相關的電子郵件，比起聊天軟體還更重視形式，雖然電子郵件適合用來做對外聯繫，但如果每封信都慎重回覆，將占用很多時間，導致工作效率低下。

增進工作效率的「短時間郵件術」

❶ 定期檢查 電子郵件

例如「進公司時」、「13點」等，決定好定期檢查電子郵件的時間

❷ 比較回信與 其他工作的優先順序

先回覆緊急的電子郵件，其他郵件都延後回信，優先進行需要專注力的工作

回覆電子郵件　　其他工作

在這裡要將下圖整理好的「短時間郵件術」推薦給大家。這些方法的共通點，在於如何「不被電子郵件追著跑」。事先決定好檢查電子郵件的時間、回信的規則等，就可以專注在眼前的工作上，不必中斷。反過來說，這樣就無法即時回覆電子郵件。但如果請對方遇到緊急狀況時先用電話連絡，並利用電子郵件以外的工具來分別處理不同的狀況，就可以減少遺漏重要連絡事項的風險了。

❸ 視收件人的親疏遠近，適當省略形式上的文章

例如公司內部郵件等，不必過度拘謹，盡量省略問候語等形式上的文章

❹ 留意回信時間

回覆一封郵件，最長以15分鐘為限

❺ 活用通知設定

在電子郵件的設定上下工夫，例如重要順位高的人士寄來的電子郵件才啟用通知等

❻ 視狀況分別使用不同連絡方式

依據狀況需要，分別利用電話、聊天軟體或視訊等來連絡，不要只依賴電子郵件

13 不對失敗耿耿於懷

對每個人來說都很重要的，是經常保持不畏懼失敗的心理。但重點是，在一開始就要先正確理解失敗的定義。

談及面對失敗的心理狀態時，工作效率高的人通常會以「失敗值多少錢？」的精神繼續挑戰，即使心理受創，也會迅速轉換心情進行下一個工作。另一方面，工作效率低的人因為害怕失敗而遲遲無法展開工作，當實際嘗到失敗時，又會一直對失敗的經驗耿耿於懷，再次遇到挑戰就會心生恐懼。「不要害怕失敗」這句話，知易行難，因為這世上並不是每個人都想得開。在這裡，我要介紹幾個可以加速行動的方法。

工作效率高的人「不在意失敗」

第一個重點，是掌握將要挑戰的工作的平均成功率，明確訂出失敗的「基準」。如果不清楚失敗的基準就展開行動，可能會設定過高的目標，受必要以上的苦，導致情緒低落等負面結果，浪費時間。另外，不要一昧追求結果，先將工作過程視為例行事項，總之先持續進行下去，也是個有效的方法。例如，設定目標時，不是採用「一個月內達成○件合約」，而是採用「一天打50通電話推銷」，讓工作例行習慣化。即使如此，如果仍是會害怕失敗，乾脆在心中下定決心「一年後的今天要離職！」，給自己一記當頭棒喝，也是可行的方法。

○**掌握失敗的「基準」**
例如把握住簽約率
的平均值，
就用此為基準
來評估自己的成果

○**將過程例行化**
以明確的數字來設定業務
電話或訪問次數，以此為
目標，並視為例行工作的
一部分，不在意結果。
不論結果，先達到目標次數！

○**心理建設**
例如在心理上設下
「一年後的今天要辭職！」
這類條件，
讓自己無路可退

經常閱讀

職場的成功人士當中有不少人喜愛閱讀。重點不只是閱讀書籍，還要將書中獲取的知識落實在自己的職務上，加以實踐。

職場的成功人士幾乎都知道閱讀的重要性。理由在於，書中記載了諸多能夠增進工作效率的秘訣。但是，並不是埋頭博覽群書就好了。將書中所學與自己目前的課題對照，思考書中內容對解決問題有何助益，再加以實踐，這才是讀書的真義所在。話雖如此，對忙碌的現代人來說，要確保讀書的時間並不容易。

透過閱讀來運作的工作效率化循環

按照書中所說的做做看吧！

實踐

實踐
實際演練一下
從書中學到的專門知識或方法

要讓工作有效率的話……

原來整理桌面很重要啊！

閱讀
選擇與自己的課題相關的項目熟讀

閱讀

我在此要為抽不出時間來閱讀的人，推薦一種根據個人需要而調整的「熟讀部分」讀書法。舉例來說，你現在正在煩惱要如何找到「開拓新客戶的方法」，讀書時，除了跟自己的任務有關的重要部分以外，都快速翻閱過去，只熟讀重要項目即可。如果翻閱過去的部分也有相關內容，之後再回來重讀即可。接下來，親自實踐一下書中的教導，若有成效，就將其**養成習慣**。讀書有助於增進工作效率，但如果不加取捨，同一時間東學一點、西學一點，到頭來恐怕毫無所獲。請不必為讀書焦慮，只要發現一個有益於自己的知識，再去閱讀即可。

檢證

改善

○**檢證**
分析一下工作效率化
的程度有多高

○**改善**
若有成效，
就養成習慣，
若效果不佳，
就再閱讀一次

15 15分鐘的空檔，也不浪費

你覺得是「只有15分鐘」，或是「還有15分鐘」呢？工作能力強的人和能力差的人，他們對時間的感覺就有所差異。

工作時，如果剛好有15分鐘的空檔，你會做什麼？打開智慧手機看一下社群媒體、在附近散散步來打發時間嗎？工作效率高的人選擇不同。若有15分鐘，他們會毫不猶豫地走進附近的咖啡廳，進行該做的事。也許是整理手頭上的案件，或是構思新企劃等等。但在咖啡廳的逗留時間相當短暫，他們為什麼還要特意進入咖啡廳呢？

只有15分鐘也要進咖啡館的意義

緩解僵化效果

**在與辦公室迥異的環境下工作，
讓心情煥然一新**

15分鐘也能處理的工作實例

- 確認今天的應辦事項
- 思考解決問題的方法
- 閱讀
- 整理案件
- 構思新企劃
- 準備證照考試

主要的理由有兩個。一是在與平日的工作場所不同的地方工作，可預期產生的「消除僵化效果」。不論是念書還是工作，天天都在同一個地方，會逐漸累積厭倦感。尤其在煩惱工作而陷入僵局時，置身在與日常迥異的環境中，有助於思考的活性化。二是因逗留時間短暫，因而可以將「最後期限效果」發揮到極致。從人類的心理觀點來看，特地付錢走進咖啡廳，都會希望在短短的15分鐘空檔「做點什麼回本」。工作效率高的人會利用身邊環境，逼迫自己發揮最大效能。

環境改變了，工作起來也更順暢！

最後期限效果

**能用的時間僅限15分鐘，
可避免拖拖拉拉。**

16 不加班

剝奪睡眠時間、擾亂重要的生活節奏，又使工作效率顯著降低的要因之一，就是「加班」這個壞習慣。

　　在一部主角是一隻會飛行的豬的動畫當中，有一句台詞：「睡眠不足是完遂工作的敵人」。為了維持高度的工作品質，時時確保一定的睡眠時間是不可或缺的。使重要的睡眠產生不足的原因之一，可以說是日本商界人士的大敵——「加班」這個負面文化。因為趕不上工作進度而加班，削減了用來恢復精力與睡眠的時間，導致陷入了無法消除疲勞、專注力低下、又再度跟不上工作進度的**惡性循環**。

加班導致的惡性循環

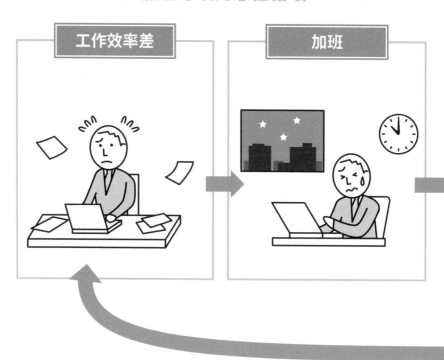

工作效率差

加班

如果目前的工作量超出自己的負荷量，應該諮詢主管或向身邊的人尋求解決方法。如果你抱持著「加班做完就好了」的精神，平時就慢慢工作的話，請立刻改掉這個習慣。絕對不要用「才能」、「領悟力高」等曖昧不清的字眼來為高效能人士貼標籤。他們為了維持工作品質，把準時下班當作大前提，來考量如何在有限的時間內完成工作，而下足了各種努力與工夫。為了健全與有效率的社會著想，請盡量避免讓自己加班，也不強求別人加班。

避免加班的方法

○來自外部因素的加班（例如工作量太大等），與身邊的人商量
○來自內部因素的加班（例如自己的怠惰等），改變處理工作的方式

休息時間減少　　　**工作效率降低**

陷入惡性循環

不要輕忽睡眠

即使避免了加班，如果最重要的睡眠品質過低，無法獲得充分的休息效果，那麼也會導致工作效率低落。

　　在前一項中提到了「避免加班、確保**睡眠時間**」，不過睡眠時間的確保，並不是早點上床睡覺這麼單純。工作效率高的人不僅重視睡眠時間的長度，也重視睡眠品質。提升睡眠品質的重點，是「不擾亂睡眠的節奏」。在回家的電車上睡覺、假日就睡到自然醒這種行為，擾亂了活動與睡眠的循環，也可能是身體不健康的成因。

調整生活習慣， 讓自己一夜好眠！

✕在電車上打瞌睡

晚上～早上以外的時間
避免睡覺！

✕在假日補眠

要點1

不擾亂睡眠規律

除了晚上的就寢時間，請盡力避免在其他時刻睡覺，維持有規律的休息節奏。另一個重點則是「從生活中排除妨礙熟睡的要因」。睡前喝咖啡因含量過高的飲料、暴露在電腦或智慧型手機的藍光中等，都會令人不容易入眠，使好不容易確保的睡眠時間品質低落。除此之外，請在就寢時間二到三小時前洗好澡，並打開窗簾，讓早上陽光灑進房間的那一刻就醒來。平時盡量多活動身體，也有助於提高睡眠品質。另外，最佳的睡眠長度因人而異，你可以先自行調查一下，睡多少時間會讓自己醒來時感到最神清氣爽。

要點2

避免會影響睡眠的行為

禁止會讓你晚上睡不著的活動！

其他

○就寢前
2～3小時洗澡

○在白天活動身體等

不要被鬧鐘叫醒

美好一天的開始，在於舒服的醒來。下工夫來提高睡眠品質之後，也要留意早上起床的方式。

　　工作效率高的人會珍惜早上短暫的時光，處理任務。如果總是舒舒服服地醒來，也能提高這種「朝活」的效率。不過，據說在清晨做的夢，有七成是惡夢，如果不採取任何對策，就有很高的機率帶著起床氣醒來了。尤其是忘記夢的內容時，不僅醒來時不舒服，也可能一整天都要帶著拂拭不去的不安，的惶惶終日。

神清氣爽醒來的訣竅

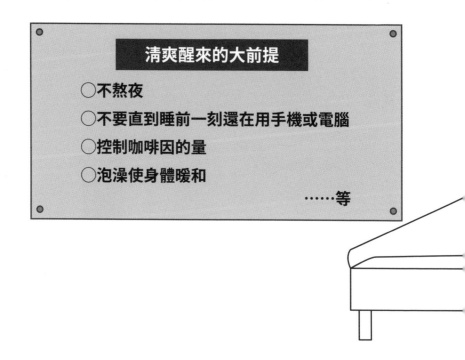

清爽醒來的大前提

○不熬夜
○不要直到睡前一刻還在用手機或電腦
○控制咖啡因的量
○泡澡使身體暖和

⋯⋯等

想控制做夢的內容，這本身就是夢一般的願望。但在這裡，我要介紹一個舒服醒來的方法。**鬧鐘**響鈴，不要使用機械式的聲音，請將鈴聲設定成活潑開朗的樂曲，或是流水聲等大自然的樂音。而鈴聲音量的設定要訣是：一開始音量小，然後逐漸加大音量。若能在提振精神或是輕鬆的樂聲中醒來，即使前一刻才做了惡夢，那種不舒服的感覺也會被覆寫過去，轉換心情來處理日常事務就更容易了。

打開窗簾，
在朝陽的
照耀下
醒來

將手機等的
鬧鐘鈴聲設定成
振奮活力的
樂曲或大自然
的聲音

19 早上不喝熱咖啡

從熟睡中醒來的早晨，是一天當中專注力最高的黃金時段。請竭盡所能珍惜這段時光。

本書第84～87頁，說明了如何提升睡眠與起床的品質。可是，接下來才要真正開始戰鬥。你認為是什麼戰鬥？這個戰鬥就是，要如何在不耗損的情況下充分活用透過休息而復甦的「專注力」。就算每天都過著規律的生活，專注力的最高峰也只能維持到醒來後兩小時左右而已，接下來，疲勞會不斷累積，同時效率也逐漸低落。

早晨是專注力的黃金時段！

工作效率高的人在本能上就能察覺到這一點，因此會俐落處理應做的事，不會浪費起床後的黃金時間。流傳在他們之間的教誨之一，是「早上別喝**熱咖啡！**」。這並非是在意咖啡裡所含的成分等等，單純是一種比喻。簡單來說，就連為了喝一杯熱咖啡而煮開水、邊吹涼邊喝的時間，他們也不想浪費。早上的時間就是如此珍貴。其中也有人不吃早餐，只攝取機能補給飲料，但也有人認為好好吃早餐才能維持最佳狀況，這就請你依照個人喜好做決定了。

20 | 不拘泥於舊有的交友關係

決心做人生的大挑戰時，或許也有必要咬牙改變身邊的環境。其中也包含圍繞自己的交友關係。

　　工作效率低的人會過度恐懼環境、狀況、人際關係的變化。這種想法越根深蒂固的人，越會固執著維持現狀。他們也會脫口而出「友情是無可替代的人生財富！」之類的話。不過，經常想持續挑戰新事物的成功人士，不會受到這種人際關係的束縛。當你想嘗試一個大挑戰時，身邊的朋友會怎麼反應呢？

割捨負面的交友關係！

與其和只說負面意見的人交往……

如果你從對方身上只得到負面意見，那麼在嘗試新挑戰的此時，或許也是一個刷新人際關係的好機會。人是容易受到周圍環境感化的生物。如果持續和害怕變化的消極人士交往下去，連自己的心理狀態也會在不知不覺之間變得很負面，甚至失去挑戰的意願。你如果真心希望提升人生的層次，就應該結交與你相同、甚至更加積極上進的人士為友。與其和認識時間長的朋友一起閒晃，與自己尊敬或憧憬的人士往來，顯然能夠學習到更有益的事物。在建構人際關係時，請三思後再行動。

**倒不如建立積極向上
的交友關係！！**

第4章
實現理想自己的放手清單

應辦事項

放手事項

想要實現理想的自己，
請實踐本章介紹的放手清單。
你將體驗到絕佳的效果。

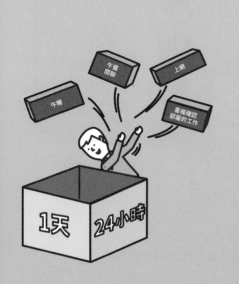

不要只在腦內思考

明白了「放手清單」的重要性之後，如果仍是處在腦內思考的狀態，也不會有任何意義。若不寫下來，有時反而會造成反效果。

　　清楚界定出「不做的事」，並製作成列表，從長遠來看，會使你的人生產生巨大變化。怎麼說呢？因為你會將有限的時間與勞力，只投注在真正要做的事情上面。不過，即使知道「放手清單」的重要性，有些人也只會將其放在腦中想想而已。或許是不習慣使用筆記本、行事曆來做「書寫」這種行為吧。但是，我絕對不推薦這麼做。

如果只是在腦中想想……

現實

產生扭曲的認知

成效低落

如果只是一直在腦內思考，我們的認知或想法會逐漸扭曲。再者，因為腦中的思維沒有被好好整理，也會導致產能低落。

如果只是在腦袋中思考，會產生扭曲的認知。陷入負面思考，或邏輯跳躍，偏向用感情來判斷。因為無法客觀檢視自己的想法，所以會逐漸扭曲。另外，這種扭曲的認知會導致情緒低落，心態變得負面，再導致產能低落。為了避免落入這種狀態，請一定要在紙上把放手清單寫下來。

「放手清單」寫下來才有意義！

在腦內思考打轉的狀態

全部寫下來

放手事項

思考變得清晰，工作不延誤

「放手清單」不要只放在腦子裡面。請記住，只放在腦袋裡面會產生很多壞處。

02 不必時時刻刻都全力以赴

聽說過帕雷托法則嗎?「百分之八十的成果, 來自百分之二十的行動」。 請慎重判斷投注心力的時機。

不論是工作或學習,能夠大有所成的人,都清楚「施力點」與「放鬆點」。請想像一下,假設足球選手在比賽期間,一直都在場內奔跑,會產生什麼結果呢?要贏得足球比賽,並不需要一直在場內跑來跑去。一直跑,反而會因為疲勞而無法發揮最佳實力。如果剛好有進球機會,而且也剛好位於適切的位置,就可瞄準球門(目標)了。這個道理也適用於工作場合。

該偷懶的時候就偷懶?

> 比賽時
> 全程衝刺

> 比賽時
> 看準盡全力
> 的時機

> 時時都在衝刺,
> 在重要時刻卻已經累壞了,
> 沒辦法精彩完賽

> 在不需要奔跑時就停下來,
> 只在重要時機發揮全力,
> 就能精彩完賽

參加體育競賽時,不需要無時無刻都使盡全力表現,而是準確判斷該投注心力的時機,才能獲得更好的比賽成果。

應該有很多商務人士都聽說過帕雷托法則（Pareto principle）吧？帕雷托法則是指工作成果的八成，來自佔整體二成的優秀客戶。在這二成客戶上下功夫，對銷售業績能產生巨大的貢獻。如果用帕雷托法則來思考一下你的工作成果，該下工夫的對象也許只佔二成而已。請使用這個法則來檢視一下你的工作吧。

聽說過帕雷托法則嗎？

帕雷托法則

業績　| 8成 |

客戶　| 優良客戶 | 一般客戶 |

2成

> 百分之八十的業績，
> 來自百分之二十優良客戶的貢獻，
> 這就是帕雷托法則。

帕雷托法則在各種不同領域都通用，由此可知我們成果的百分之八十，是由百分之二十的行動所建立的。這百分之二十，就是「施力點」，是應該優先處理的部分。

不用事事都從正面進攻

再怎麼追求效率，也會遇到不得不處理的「不想做的事」。
這時轉移一下觀點，讓腦產生錯覺。

　　只要是做自己喜歡的事情，不管是誰都會充滿幹勁，專注投入到忘了時間的地步。不過，我們的工作並不會都是自己喜歡的。感到「真不想做啊」、「沒動力」的工作，也必須處理。但即使想要開始著手，也會因為原本就缺乏動力，所以會有逐漸往後拖延的傾向，或馬虎了事。為了避免這種情況，該如何是好？

不從正面進攻， 稍微轉換一下觀點

咬緊牙根
去處理不想做
的工作嗎？

思考一下，
怎麼讓不想做的工作，
變成「想做的工作」？

「放手清單」製作完成後，仍是會遇到無論如何都得去處理的工作。這時稍微改變一下觀點去思考，進行起來就會更順暢。

避免延後工作的秘訣，是改變觀點來思考，而不是正面對決。例如，如果你覺得「真不想做事務性的工作」，那就把那項工作當成不是事務性的、另一種工作，讓頭腦產生錯覺。我要推薦一種以「遊戲的感覺」來改變觀點的方法（請參考下圖），不論學習或工作都適用。如果能夠用遊戲模式看待工作，就會產生「好，現在馬上試試看！」的動力。請務必嘗試看看。

如何讓不想做的工作進行得更順利？

讚美自己

今天內完成這件事，就要吃一個美味無比的巧克力！

以遊戲的感覺來工作

蒐集知識
＝
提升等級

蒐集
簡報資料
＝
蒐集寶物

構思策略
＝
思考攻略

成功獎勵
＝
獲得
稀有寶物

參加研修
＝
學習遊戲
的操作方法

不從正面進攻不想做的事，設定完成後給自己獎勵，或以遊戲的心情來工作。下了這些工夫，不想做的工作也會變成「想做的事」了。

04 | 不執著於無法控制的事物

世界上的人事物，有自己能控制的，和自己無法控制的。
請放棄對無法控制的人事物的執著。

在勵志書領域裡的世界名著《與成功有約─高效能人士的七個習慣》（史蒂芬‧R‧柯維著）當中，作者提倡應該將注意力集中在「自己能夠改變的事，亦即能夠控制的事」上面。世界上，有自己能夠改變的事，也有自己無法改變的。例如，改變別人的心情或習慣難如登天。不管花費再多精神、勞力與時間，都很難令別人改變。不過，我們倒是可以改變自己。

不專注在自己無法改變的事物上

要改變那些主管的看法，簡直是不可能的任務……

世上有自己能夠控制的事物，以及不能控制的事物。專注在自己能夠控制的事物上，非常重要。此外，也要將自己不能控制的事物列在「放手清單」上。

我們能夠控制自己，但是無法控制別人。我們面對問題時，如果堅守著「原因出在他人身上」的立場，就很難找出解決之道。為什麼呢？因為要改變他人非常困難。但是，若是改用「原因也許出在自己身上」這種立場去思考，可能會出奇順利地解決問題。原因不假外求，反而往內求之後，不僅行動變得更快速，修正行動的結果也加速了。

原因要從外部找起？還是從內部找起？

從外部找原因

都是那個主管的錯。
如果不是那個主管作梗，
我應該可以很順利完成的！

從內部找原因

我的企劃書沒被採用，
原因可能出在我還沒有
充分理解主管的想法……

如果在外部尋找事情不順利的原因，自然就變成執著在自己無法控制的事物上了。所以，請把這點也寫在「放手清單」上。

不要一直固執於過去

如果知道自己的決定將會造成損失，請不要固執於過去的自己下的決定，心一橫，把它納入「放手清單」吧。

　　人類並不是完美的存在。只要是人，就會犯錯。不過，將要犯錯時，並不是每個人都能夠及時察覺到，進而轉換方針。有時候，即使留意到事情往不對的方向發展時，卻因為各種因素而無法回頭，因而造成巨大的損害。為了避免這種情況發生，必須做到不**固執**於自己過去所做的判斷。請以此為前提，列出加入「放手清單」的項目吧。

不要拖著過去的自己往前走

發覺自己正在朝著錯誤的方向前進時，盡快轉換方針，可以減少損失。請檢查一下「放手清單」當中，是否有需要轉換方針的事項。

因為固執於過去所做的判斷，導致大失敗的案例，可以用「協和號效應」這個代表事件來舉例。由英法共同開發的協和號客機花費了龐大的預算開發出來了，卻在完成前就知道「不符成本」。即使如此，經營陣容卻無法否定自己過去所下的決定，繼續進行協和號客機的開發，結果造成了龐大的損失。

*協和號效應：沉默成本謬誤。指人在決定要不要做某一件事時，會因為過去已經投注大量成本，捨不得浪費，而決定繼續做下去，最後越陷越深。

不陷入協和號效應

現在就該終止的行動，若不即時喊停，很可能會造成將來莫大的損失。請仔細檢查一下「放手清單」，確認是否有這類的隱藏危機。

06 不要重視表象

我希望你將「自誇」列在「放手清單」上。在網路社會裡自誇，有數不盡的缺點。請務必避免。

　　我要建議即將著手製作「放手清單」的讀者，將「自誇」加進清單當中。尤其要在商業世界實現夢想或目標，自誇只會絆手絆腳，毫無幫助。在各種社群媒體深入到生活中的現在，若在網路上自誇自讚「我一帆風順！」、「我棒透了！」等，很快就會被炎上了。

一帆風順的氣場外顯，　干擾就來了

喜歡張揚自己的人，在網路上特別容易招惹他人的負面情感。若是因此而被炎上，也難以指望達成目標了。

如果因為炎上而提高了營業額，倒是不錯的結果。但因為招來了忌妒、眼紅，可能就會遇到各種妨礙。在網路社會中，資訊傳播的速度相當快，腦中才剛閃過「慘了」的瞬間，就已經太遲了。透過自誇得到的益處非常少，反而可能蒙受更大的損失。將「自誇」加進放手清單中，平時就警戒在心。

不過自誇的生活

老是自誇自讚的人，容易招惹他人的忌妒或反感，長遠來看會遇到妨礙、干擾，百害而無一利。

不自誇，傳達自己的謝意，不僅不會遭到他人的妨礙，也能筆直地朝達成目標的路前進。請把「自誇」加到「放手清單」裡去吧。

07 | 不做非A即B的選擇

A是對的，B是錯的；B是對的，A是錯的。你被這種非A即B的思考方式束縛了嗎？我建議你不要做只能二擇一的選擇。

　　人會隨著自己的立場，而改變對對象的看法。假設有兩個員工，他們對工作內容的看法是對立的。其中一位是課長，一位是組長。他們的職務不同，自然從不同的角度來看同一件事，因此看法就不同了。要拉近這兩個人的意見，該怎麼做才好？答案是「不要以非A即B的方式來思考」。

不從非A即B的角度來思考

事物的價值，並無法概括式地從A和B當中選擇一個就能決定。站在不同觀點來看，同一個事物，猶如形相會改變的多面體一樣，有多重樣貌。列入「放手清單」中的項目，也從各個層面再評估看看。

也就是說，如果陷入「我是對的，對方是錯的」，或「我是錯的，對方是對的」這種非此即彼的「二選一」思考模式後，就無法消弭業已存在的對立。因此，不要用非A即B這種二分法的方式去思考，而是站在我們會因職務而改變看法與立場的前提下，體諒一下對方的心情。請務必將「二選一」也列入「放手清單」當中吧。

請用各種角度來觀察、評估要列在「放手清單」中的行動後，再列進去。或許其中有些項目原本以為是沒用而割捨的，仔細評估之後才發現那其實有必要。

不接觸誘惑

視線中出現誘惑的事物就會令人分心，降低幹勁。倒不如將接觸誘惑加入「放手清單」中。

卡爾頓（Carleton）大學的馬立娜·米利亞夫斯卡雅（Marina Milyavskaya）教授與多倫多大學的麥可·因斯利特（Michael Inzlicht）教授，於2017年以159個大學生為對象所做的實驗，發現了一項事實。那就是，接觸誘人事物（甜點等）次數較少的人，與接觸次數較多的人相比，目標達成率較高。換句話說，假設某個人喜歡甜點，那麼甜點出現在他眼前的次數越多，他的目標達成率就越低。

與自己對抗，會消耗精神

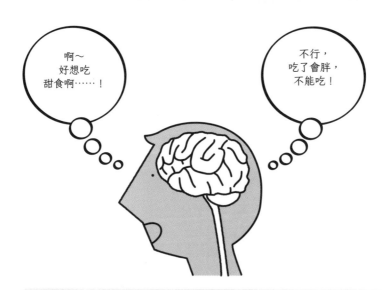

如圖所示，與自己想做的事（誘惑）產生的對抗，會造成精神上的消耗，降低目標達成率。

為了不屈於誘惑，人就會啟動**自制力**。啟動的次數越多，幹勁就每況愈下，導致目標達成率也走下坡。從逆向來思考這個事實，先釐清對自己有誘惑的事物，再避免接觸那些事物，就能提高目標達成率。例如，減肥時的蛋糕店、戒酒時的居酒屋、戒菸中的香菸攤等，訂下避開誘惑事物的「行動模式」吧。

展開避開誘惑事物的行動！

4

實現理想自己的放手清單

一個人接觸誘惑的次數越多，目標達成率就越低。在列出「放手清單」時，也需要將避開誘惑考慮在內。

不拿自己與周邊的人比較

人各有所長，也各有不擅長之處。不用和周邊的人做同樣的事，找到自己的強項＝武器，站上能發揮自己的擂台吧。

　　每個人都有各自的性格。例如在工作場合，不擅長獨自一人埋頭苦幹做資料的人，可能站在眾人面前做簡報時，卻像如魚得水般順暢。每個人都有自己擅長與不擅長的地方。不考慮自己的擅長與不擅長之處，總是配合周遭做同樣的事，讓自己時時暴露在競爭狀態中，很容易會消耗身心而失去氣力。請將「不和身邊的人站在同一個擂台上」牢記在心。

拿起自己的強項＝武器！

首先要找到自己的強項與優點，努力提升它們的強度。這麼做，不僅可以與身邊的人產生區別，也會逐漸變成只有自己才具有的價值，亦即「獨一無二的價值」。這是一項強大的武器。若能入手這項武器，就能看到自己的活法與戰鬥方式。與別人做不同的事情需要勇氣，但並不是要你在目前的領域當中尋求發揮管道，而是試著去找到能夠讓你的武器展現實力的場域。

我很擅長
在眾人面前
做簡報！

找到自己的
強項後……

獨一無二的
價值＝武器

不壓抑感情

心情低落或是提不起幹勁時，先接受這份感情吧。要轉換心情，重要的是「不要抹殺感情」。

我們在日常生活當中，會產生各式各樣的感情。有開心、有趣這種正面的感情，也有因外界的刺激而產生的悲傷、痛苦等負面感情。人是容易受感情左右的生物。一旦產生了消極的情緒，可能就會喪失做任何事情的動力。這時，要怎麼做，才能轉換心情呢？此時，「不要抹殺感情」是很重要的。壓抑感情，反而會讓觸發感情的情境佔據腦海，令人無法採取任何行動。

不壓抑感情，接受它

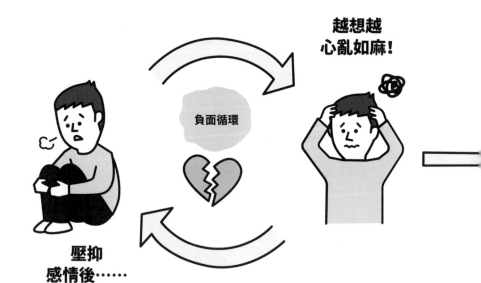

越想越
心亂如麻！

負面循環

壓抑
感情後……

首先，誠實接受自己此刻的感情。在此介紹幾個整理感情的有效方法。一個是「找人聊聊」，另一個是「寫出來」。這兩種方法都是透過語言將感情表達出來，讓自己能夠客觀看到自己的現況後，再把感情加以整理，讓心情穩定下來。另外，也可以試著哭出來或大聲喊叫。不要抹殺感情，試著發洩一次看看，不管用什麼方法都可以。發洩之後，心情應該會變得比較輕鬆。

不被「應該」的思想綁住

「應該」的思想掩蓋了事物的本質。做選擇時，請用「想要」作爲基準，而不是「應該」。

你在做選擇時，會考慮哪些因素呢？假設你正在為大學畢業後的出路煩惱。我們常聽到「畢業就應該就業」這類意見，但這不見得人人適用。想繼續學習的人會選擇留學、進研究所等進修選項，想追尋夢想的人會去考證照或習得技能，想獨自工作的人會選擇自由接案或成為創業家等等，選項多而廣。然而，「應該」這種想法奪走了選項，否定了可能性，更掩蓋了事物的本質。

「應該」讓視野變得狹隘

被「應該」綁住了之後，思考就會陷入將那個選項當作「義務＝理所當然」的牢籠。如此一來，就迷失了自己原本「想做什麼」的欲望或願望，無法分辨對自己來說，那是必要的或是不必要的。更嚴重的後果是，因為思考有了偏差、視野變得狹隘，變得無法接受別人的意見，甚至會將自己的價值觀強加在別人身上。所以，當你站在人生的十字路口時，請不要用「應該」，而是用「想要」為基準來做判斷吧。

「想要」讓選項出現在眼前

我想要再繼續學習，個人接案也不錯，有好多條路可以選！

留學

就業

自由業

12 | 不使用負面語言

在嘗試新的挑戰之前，你是否會在下意識間先安排好退路呢？限縮你的發展可能性的，也許是「否定句」。

你是否過度使用「不可能」、「不會」……這類負面的用語，也就是所謂的「否定句」？這些用語會使你往退縮方向思考，並降低**自我肯定感**。在進行挑戰，還不清楚事情是否會順利進展之前，就先否定了可能性。再者，在不得不進行時，也會不禁忙著找藉口，養成逃避的習慣。經常使用否定句，會令人畫地自限，永遠也遇不到嶄新的自己。

進行挑戰時， 需要正向思考

而因為否定句陷入不幸的人，絕對不會只有自己一人。身旁的人提出積極的言論時，你是否會搭上「反正」、「不過」……這種消極的論調呢？在負面又消極的人身邊，幸福會慢慢遠離，人也會同時跟著遠去。這種心態在無意之間，甚至會傷害了重要的人的心。首先，不要不假思索就做出否定看法，讓自己有彈性地去思考實現的方法。這種正向態度，應該也會讓身邊的人自然地變得積極。

13 不要輕易依賴「自我風格」

貫徹「自我風格」而活躍的人士，看起來耀眼又具有魅力，
但請注意不要在一開始就依賴自我滿足式的「自我風格」。

在確立自己的風格前，任何表現都需要具有「特定的型」。假設觀看花式溜冰競賽時，你忽然心生一念，想要挑戰優於選手表現的三迴旋。但若你是首次站上溜冰場，突然要嘗試挑戰（高難度動作），結果應該會不如預期。在確定目標之後，人通常會操之過急，一開始就向高難度技巧挑戰。請先丟掉靠自己的方式創造自我風格的念頭，先徹底模仿前人的做法，才是成功最短的捷徑。

學習前人的智慧與經驗

先學好
基礎
和訣竅！

上網
搜尋……

聽取過來人
的經驗……

看參考書……

第一次做沒有學習過的事，很難得到比他人更好的成果。在電視上看來閃閃發亮的運動選手或藝術家，他們都是歷經了長年累月模仿各種人士、記住「特定的型」，並在持續摸索之間，才建立了自我風格的人。挑戰精神可以豐富人生，但實際上了戰場時，如果弄錯學習的先後順序，就令人惋惜了。先誠心誠意地聽取熟練人士的忠告，並謹記在心。等到自己熟練的經驗轉化成了自信，再好好地創造自我風格。

關鍵在於能否捨棄「自我風格」和自尊心

太拘泥於「自我風格」

要早點學會！
三迴旋
大概是
這樣轉吧？

嘗試失敗
受傷了⋯⋯
我做不到，
不想再做了！

扎扎實實從基礎學起

要學習的
動作太多，很難，
但是學會了
就好開心

會滑了，
溜冰好快樂！
我的動作
似乎比其他人
更優雅！

14 | 不要「想被認可」

獲得他人的稱讚或肯定時，自然會感到非常高興。但如果演變成「為了被認可而活」，就大錯特錯了。

　　想要被稱讚的念頭本身並沒有錯。但是，如果尋求他人肯定的欲望過度膨脹，在不知不覺間就會變得非常在意別人的想法，進而受到束縛。在社群媒體全盛期的現代，對貼文的按「讚」數會表示出來，讓他人的評價變得可視化。一旦羨慕起社群媒體上獲得大量「讚」的貼文，開始了想被認可、想滿足自己虛榮心的行動，反而會迷失了自己真正在追求的樣貌，以及想達成的目標。

別被「想被認可」牽著走！

這個人的貼文
有好多美麗的照片！
也有好多人按「讚」和留言，
好羨慕喔

我也要努力，
像他一樣
得到很多「讚」！

再者，為了得到他人的讚美、得到他人的肯定而持續這種行動，總有一天你會再也無法在人前暴露「不順利的自己」，而自己也無法接受「不順利的自己」了。結果，在害怕不被別人肯定、不受他人稱讚的情況下，面對新挑戰就會變得遲疑了。要知道，最重要的不是將判斷基準委交給他人，而是跟隨著自己的心與信念去採取行動。為了貫徹信念而活，肯定你的粉絲自然就會增加了。

第5章
實現目標達成率120%
的12項指引

本書前面的說明，讓你獲得了工作有成效、
實現理想的自己的機會。
接下來要介紹落實的指引。

01 工作效率高的人在5秒內行動

應該有很多人抱持著「明明有必須處理的事情，卻沒辦法立刻執行」的煩惱吧。這時，可以利用**勞動興奮**來刺激一下動力。

工作效率高的人其共同特徵是「下決定後馬上行動」。不僅不往後拖延，而且是馬上起身而行。以前擔任美國電視的主持人梅爾・羅賓斯（Mel Robbins）曾經提倡「5秒法則」。內容是「人腦在察覺到該做什麼的時刻起，經過5秒以上，就會開始尋找不做的藉口」。換句話說，在5秒期間猶豫是否該採取行動，就足以將動力降到低點了。

你知道5秒法則嗎？

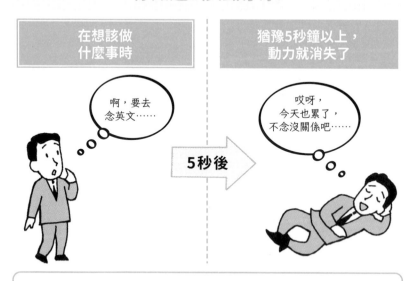

據說人腦在覺察到必須做什麼事開始，經過5秒鐘後，就會開始尋找不做的理由。
必須做某件事情時，請不要思考超過5秒鐘，立刻起身而行。

我推薦一個方法來迴避5秒法則。每當不得不做某件事的時刻逼近時，就開始倒數「３、２、１、衝了！」。倒數，強制自己開始，衝了！總之先採取行動。或者，也可以利用心理學家埃米爾‧克雷佩林（Emil Kraepelin）發現的「勞動興奮」。如果必須重複做某事100次，總之先做一次再說。這是利用頭腦會在做一次時就產生興奮，而會想要繼續做下去的慣性。

克服5秒法則的兩種方法

> 身體動起來時，大腦就會產生「勞動興奮」。
> 因此要善用這個慣性，總之先做做看，
> 當大腦產生興奮後，要繼續進行下去就容易多了。

工作效率高的人「邊行動」邊思考

工作效率高的人在短時間內就能進入工作狀態。因爲若在工作前考慮太多，反而引起不安，變成處理工作的阻礙了。

　　有人在下定決心要做一件事情後，遲遲無法採取行動。無法採取行動的原因，幾乎都是「在行動之前考慮太多」。即使是能夠俐落處理日常例行工作的人，在面對從未接觸過的「新工作」或「挑戰性高的工作」，也會充滿不安，在採取行動之前，腦海裡充斥著各種想法。很多人在提出了自己的假設後，卻無法透過實踐來驗證，遲遲難以踏出第一步。

不行動就看不到的問題

第一次接這種工作，難度也高，不知道該從哪裡著手……

初次處理的工作

難度高的工作

有創造力的工作

越是思考，沒設想到的問題就越多，該怎麼辦呢……

有些人是謹慎思考、做足調查之後才會採取行動，但越是在腦內思考，就越會陷入迴圈，越來越難起身而行。重要的是邊行動邊思考，而不是思考後再行動。

此外，人在行動之前越是思前想後，越會陷入低潮。不安會被放大，陷入思考停止的狀態，很難跨出第一步。解決這個問題的唯一方法，就是「不想，總之先做再說」。一旦起了頭，即會留意到之前沒注意過的事，也會發現之前的擔心都是杞人憂天。工作效率高的人先採取行動，在行動的同時**驗證假設**，讓工作進展下去。

邊行動邊思考的過程

假設

雖然沒有
十足把握，
但這個假設
應該可行……？

驗證

實際嘗試後，
發現問題

蒐集資訊

好，
蒐集資訊
來改善！

遲遲無法展開行動的人，特徵是在一開始就要蒐集充分的資訊才要行動。然而，這種做法常常令人無法踏出第一步。

5

實現目標達成率120％的12項指引

學會「委託別人」

即使想要獨自一人做完全部工作，在時間與體力上都有限度。現在馬上就把不需要自己親自做的工作區分出來吧。

如果你希望在公司的職位步步高升，那麼「你必須炒自己魷魚」。很驚訝嗎？但我說的是事實。例如，你現在的職位是課長，如果想成為部長，你就必須「去解雇身為課長的你，讓自己處在不在這家公司的狀態」。反過來說，你必須**放掉**目前課長所經手的業務，亦即必須請其他人來代勞的意思。

不解雇現在的自己， 就沒機會晉升

如果想晉升……	需要放棄目前的職務

不放棄課長職務，就無法往上爬

課長

我解雇過去的自己，所以當上了部長！

部長

你如果真的想晉升，就必須「解雇」現在的自己。
正是因為否定現在的自己，將目前的工作交給他人辦理，
你才能往更高處爬。

倫敦商學院的朱利安‧柏金紹（Julian Birkinshaw）教授發現，「半數以上的知識勞動者，平均勞動時間的41%都用在處理他人委託的工作上面」這項事實。也就是說，若把使用這41%的時間處理的工作，委託給別人做，將會大幅提高我們的成果。想要在工作上大有斬獲，想要達成目標，想要升遷的話，必須學會將工作「委託別人」。

學會將工作委託他人的技巧

知道哪些工作 不需要親自處理	交辦工作時 的注意點

幾乎所有的知識勞動者，將平均工作時間的41%花在可以交給他人處理的工作上

全部都親自處理，浪費了龐大的時間

強項

專注在自己的強項上，不擅長的部分交給他人處理！

可以請你在完成自己的工作後，處理一下這件事嗎？

不用親自處理的工作，盡量委託給他人，可增進生產力

清楚哪些工作可以委託給他人代為執行，並留意執行時間安排在對方處理份內工作之前或之後

時時意識到將不必親自處理的工作委託給他人，
可提高你的生產力，
提升你的等級！

「細分化」所有的工作！

難度高的工作往往會不斷被延後處理。但有避免這種結果的方法──將工作敲成碎片。

我們會將不得不處理的工作不斷往後延遲，最大原因來自工作帶來的巨大心理壓力。簡單來說，就是因為腦中想著「一定要做這麼多嗎？」、「到底要多久才做得完？」、「好麻煩」等等，才會想要延後處理那件困難的工作。此外，如下圖所示，有「喜歡的工作」、「輕鬆的工作」、「順暢的工作」，與這些工作的性質越是相反，延後處理的傾向就越高。

留意「喜歡」、「輕鬆」、「順暢」的工作！

先做簡單的工作，把累人的工作延後，這麼做時就已經延遲了工作進度了。讓工作有效率進行的重點，在於不延後處理。

預防工作延遲的最有效方法，稱為**冰鑿工作術**。冰鑿工作術的運用方法，就像用冰鑿將大冰塊鑿碎成小冰塊一樣，將工作「細分化」。舉例來說，如下圖所示，將「寫報告」這項工作，用冰鑿敲碎，分成幾個細小的部分（細分化）。被細分化的工作，處理起來就簡單多了。一旦開始處理，就會產生前文所述的「勞動興奮」效果，將工作繼續進行下去。請試著活用看看。

不將工作延後處理的冰鑿工作術

就像用冰鑿把大冰塊敲碎一樣，將工作「細分化」後，麻煩的工作也變得容易處理了。而且也不會將工作往後延，增進了整體的工作效率。

05 危機越大，成長的機會越大

不論是從商業人士或一般人的角度來看，超越困境之後，都能獲得大幅的成長。當危機來襲時，要不要自告奮勇去應付呢？

動畫《魯邦三世》裡有一幕，描述魯邦一行人被逼入絕境，此時次元大介說了一句「事情開始有趣起來了」。在工作場合，有時也會面臨席捲而來的困境或危機。可能有許多人會採取靜觀其變的態度，安靜地等到這些風暴過去。不過，若你真心想要提升自己身為商業人士、身為人的等級，越是遇到危機，就越應該奮起，積極面對處理。

危險的工作或困境，更能讓人成長

超越困境時，人才能成長。
光做一些對自己來說簡單又輕鬆的工作，是無法得到提升的。
越是感到艱難、危險的工作，越要主動爭取。

如果自告奮勇來處理困境或危機，並且能夠安然度過，你在公司內的評價將突飛猛進，周圍的人也會對你另眼相待。而且，更重要的是你獲得了自信，心態也會變得積極，想要挑戰困難度更高的工作。這種正面迎戰危機的工作術，稱為「**魯邦三世工作術**」。而且還有魯邦三世工作術Part 2，如下圖所示，是一種「竊取」過去事例的方法。請牢記在心。

解決困難的工作時，「偷」也是重點

面對困難度極高的工作時

哇～，被交辦這麼困難的工作了……

從前例當中「竊取」解決方案

前例

調查了一下前例，我知道如何讓這個工作執行起來輕鬆一點了

享受困境、從前例當中「竊取」解決方案，就是「魯邦三世工作術」的精髓。
覺得越是辛苦、危險的工作，就越加積極主動去爭取。
若能超越這些困難，你不僅實現了自我成長，而且也提升了評價。

06 把討厭的工作變成「訓練」的魔法定律

若覺得現在的工作缺乏魅力，就設下最後期限，認真考慮「辭職」吧。這麼做後，你的內心將會產生巨大的變化。

決定好最後期限後，人就會以在期限內完成工作為目標，來採取行動。另外，決定最後期限，對討厭的工作也會產生效果。例如，假設你對繼續在目前的職場工作已經感到極限了，請試著下定決心「一年後就辭職」。接著將會發生不可思議的事。首先，你對身邊各種人事物的看法改變了。即使是討厭的上司，一想到一年後就要跟他說掰掰，心中也不會在意了。

決定最後期限後，看周圍的角度也改變了！

如果持續在這家公司，無論如何都無法好好發揮自己的所長，無法提高動力，這時決定「辭職」也是一條路。決定好最後期限後，平時熟悉的工作，也產生了不同的意義。

這時，想到原本討厭的工作、麻煩的工作，可能對辭職後的自己有幫助時，或許動力就油然而生了。討厭的同事或是先進的工作態度，至今都只是看不順眼而已，但使用魯邦三世工作術Part2，「反正都要離職了，就徹底偷走吧」，反而會想從他們身上學習。也就是說，下定決心訂下辭職的期限，使你周遭的人事物都變成了「**訓練**」。

決定辭職後，想法產生的改變！

不在意討厭的人

這個主管很討人厭，不過我一年後就要離職，也不必在意他了

察覺到工作真正的價值

我覺得這個工作沒有意義，但辭職後也許也有幫助

一切都變成了訓練

企劃書被退了好幾次，但這也是磨練自己的訓練！

決定最後期限，下定決心在○○時辭職後，就會發現至今從沒注意過的各種價值。工作上的一切，都成了為自己的將來而準備的訓練了。

07 不加班之後，你要做什麼？

即使知道不加班有諸多益處，但你能清晰地想像出來，真的不加班後的自己會在做什麼嗎？

「放手清單」或「任務筆記」的原本目的，在於增進工作效率，不再加班。不過，正在閱讀這段話的你，是否正在想像「如果不加班，要做什麼才好」呢？若是真的不想再加班，請現在就先思考一下不加班之後想做什麼。想進修參加證照考試、想獨立創業、想跳槽到某個業界發揮才能、想參加跨業界交流會、想進大學重新學習……等等。

不加班後， 你要做什麼呢？

不用加班後……

我想要準備證照考試

回家

加班

睡覺、用餐等

公司

通勤

我想增加和家人相處的時間

活用第2章介紹的「任務筆記」，
結果就是不用加班了。
不加班之後，
你想要利用那段時間做什麼呢？

請嘗試把不加班後的自己具體地想像出來。如果還沒辦法做出具體的想像，那麼不加班之後，你可以讀書，或增加與家人相聚的時間。此處的重點在於，透過想像不加班後的你，拓展自己的可能性，以提高**動力**。

如何活用之前拿來加班的時間呢？

| 從事副業 | 準備證照考試 |

做副業
多賺點錢！

晚上

為了升級
來學習

| 擴展人脈 |

你好。
我是○○公司
的□□

不加班之後，以前做不到的事，就有時間做了。在不加班之前，先想像一下不加班後要做什麼，來提高自己的動力。

08 想改變人生，就把時間用在這裡！

想要改變人生，就應該處理「重要但不緊急」的工作。因為這些工作裡，蘊藏著改變人生的巨大可能性。

在前面章節介紹過的《與成功有約：高效能人士的七個習慣》（史蒂芬‧R‧柯維著）一書中，制定計畫的基準，是依據「緊急度」與「重要度」構成象限，區分成四大類。請參考右圖。而在這四類工作中，想必每個人都會優先處理「重要又緊急的工作」吧。接著應該會進行「不重要但緊急」的工作。然後，有空檔時，才會處理「不重要也不緊急」的工作。

掌握為工作分類的基準

目前介紹過的工作分類方法，是以「喜歡或討厭」、「輕鬆或辛苦」、「順暢或麻煩」這三項為基準，但要增進工作的速度與品質，只用這些基準還不夠。

我們容易將「重要但不緊急」的工作延後處理。理由何在？因為重要的工作難易度通常較高，會令人不禁想延後處理。因為不緊急，也很難激起動力。不過，正是這類重要卻不緊急的工作，蘊藏著巨大的可能性，可提升我們的表現，戲劇性地改變人生。請時時提醒自己有意識地去進行這類工作。

用緊急程度與重要程度將工作分成四類

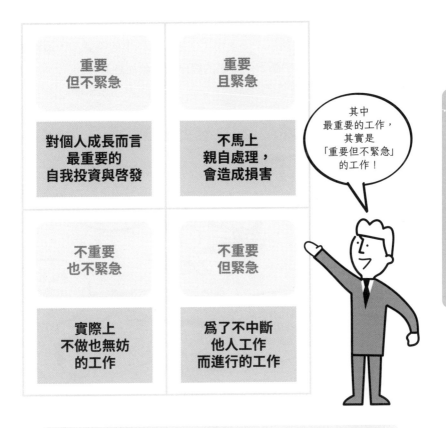

「重要但不緊急」的工作，因為不緊急，所以經常會延後處理。不過，這是最重要的工作，應該著手進行。我建議在早上撥出某段特定時間，專門用來處理這類工作。

工作效率高的人清楚「該盡力的時間帶」!

要改變人生,就必須處理「重要但不緊急」的工作。問題是,該在「一天當中的哪個時間帶」來處理呢?

前文介紹的「重要但不緊急」的工作,應該什麼時候處理呢?答案是「早上」。為達成目標會馬上做的人,都知道該盡力的時間是早上。為什麼呢?因為早上的時間,是三種干擾很難介入的時段。三種干擾是指「電子郵件」、「電話」、「上司(部屬)・同事的談話」。這些干擾多半集中在日間,會中斷我們做事的程序和分散注意力。

該盡力的時間帶是「早上」!理由何在?

所以，請在早上完成「重要但不緊急」的工作。為了實現這點，請如下圖所示，事先倒推出該起床的時間。透過達成目標所需的總時間，以及到達目標的天數，計算出每個早上需要工作幾小時。再以這個時間為基準，倒推出起床時間。例如，假設總工時為100個小時，達成目標的天數為100天，則每天早上需要工作1小時（100小時÷100天）。有了明確的目標，**早上時間**的工作也不覺得辛苦了。

透過倒推來活用早上的時間！

訂下為了達成目標的計畫

好，我的目標是○○！

計算每天早上必要的工作時間

總工時 ÷ 達成目標的天數 = 每天早上必要的工作時間

倒推出該睡覺的時間

要活用早上的時間，就要在22點就寢

從上班時間倒推出起床時間

要準時進辦公室，就要在6點起床……

10 爲了將來，創造投入夢想的時間

夢想和目標，也應該要設下實現的最後期限。「爲了將來的利益而努力」並不是人的本性，所以要設下期限，讓自己持續意識到夢想。

　　你有夢想或目標嗎？我想問問回答「有」的讀者。你對那個夢想或目標，設有「最後期限」嗎？有些人會，但應該有很多人不會吧？在前文中，我說明了要增進工作效率，設置「最後期限」會有所助益，因此，對夢想或目標當然也要設定最後期限。或許換句話說會更貼切：若沒設下最後期限，很可能到了最後，夢想終歸只是夢想罷了。

實現夢想， 設下最後期限！

| 沒爲夢想設下最後期限…… | 爲夢想設下最後期限…… |

太忙了，
沒辦法為實現夢想做點什麼。
唉，沒關係吧…….

好！
〇月〇日之前
要實現夢想！
為了夢想成真，
今天要做這個！

CALENDER

眞心想要實現夢想，就要像對工作一樣設下最後期限。當自己對「在這個時間點前完成」有意識時，即使忙著處理緊急性高的工作，也會盡量在一天當中做一點事情來接近夢想，不會怠惰。

雖然說起來容易，但很多人都被每天的工作追著跑，難免疏於為了實現夢想而努力。如下圖「棉花糖理論」所示，三分之二的小孩沒辦法為了較長遠的利益來運用現在的時間。沒有實現夢想的人當中，應該有很多人正是無法「為了長遠的利益著想，現在採取行動」吧。設下實現夢想的最後期限，接著開始動工，一點一點地累積走向那個未來的步伐吧。

你會爲了將來的利益使用現在的時間嗎？

棉花糖理論

如果可以得到兩個，先忍耐一下

忍著不吃棉花糖而得到第二個棉花糖的人，三人當中竟然只有一人

沒辦法忍耐，吃掉了……

棉花糖理論的實驗，說明了我們容易屈於眼前的誘惑，無法爲了「將來的利益」而使用現在的時間。爲了獲得人生中的巨大利益，先忍耐一下眼前的小利益吧。

11 想達成目標，請投注全部心力在一個項目上

要達成目標，就必須全神貫注地投入，一心一意地爲實現它而努力。如果想要同時實現多個夢想，結果反而會不盡人意。

　　真心想要實現夢想或目標，請你一定要實踐這個方法。我稱之爲「聚焦一個目標」方法。我們有時會擁有很多夢想，例如「想成爲稅務顧問」、「想換工作」、「想學好英文」、「想出書」等。你是不是想讓這些夢想同時實現呢？如果是，請先**聚焦一個目標**，實現第一個夢想後，再接著實現另一個夢想。若想同時讓所有夢想成真，最壞的結果會是最後一事無成。

要達成目標，聚焦在一個目標上很重要！

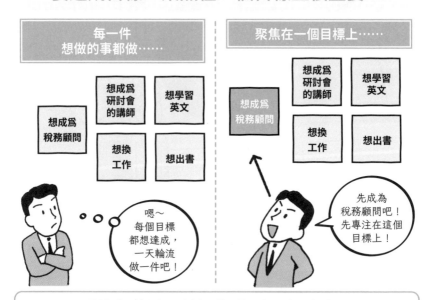

要達成目標時，請採用「聚焦一個目標」方法。
擁有很多目標並沒有錯，
但如果同時爲每件事努力的話，效率會非常低落。

144

使用聚焦一個目標的方法時，首先利用第35頁介紹的華倫・巴菲特目標達成法，將自己的目標縮減到五個。接著，從這五個當中，選出一個要最先實現的目標，全心全意專注在該目標上。其他的目標，等實現第一個目標之後再進行。接下來，請嘗試活用第6章介紹的G+PDCA循環。搭配這些方法，你的夢想或目標將會更容易實現。

這是最佳的目標達成法！

12 目標達成者、夢想實現者的共通點

在目標達成者與未達成者之間，「放棄與否」造成了他們不同的結局。不放棄，反覆不斷地嘗試錯誤，是達成目標不可或缺的要素。

　　要實現夢想，你需要做什麼？如果有人問你這個問題，你會怎麼回答？達成目標的人和沒達成目標的人，他們最大的差別是什麼？目標達成者都有個共通的特徵：「在成功之前重複嘗試錯誤（trial and error），絕不放棄」。相反地，無法達成目標的人，他們的共通特徵是：「在成功之前不重複嘗試錯誤，輕言放棄」。

無法達成目標者的共通點是「輕言放棄」

輕易放棄的人	不放棄的人
這個提案被部長退回來了，放棄吧……	仔細聆聽部長的意見，再改善一下這個提案吧！

無法達成目標的人，他們的共通點是輕言放棄。與此相反，目標達成者的共通點則是不放棄。放棄與否，是左右結果的重大因素。

因此，請將「放棄」也加進你的「放手清單」。放棄若是你的選項之一，那你就可能無法實現你的夢想或目標。話雖如此，也許有的人是「沒有馬上看到結果，就想放棄」。請換個角度想。正因為是無法馬上實現的目標，所以有實現的價值。夢想越大，難度就越高，自然不會輕易實現。請想像一下實現夢想後的情境，繼續重複嘗試錯誤。

目標越大，越無法在一開始就順利

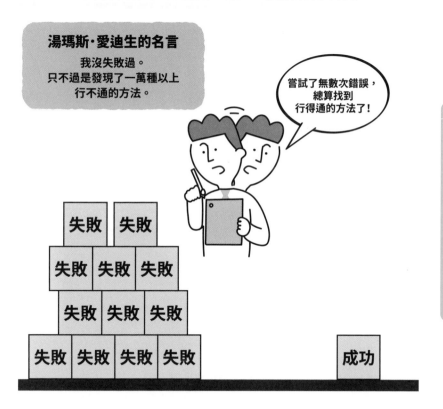

達成目標、實現夢想，不放棄是非常重要的因素。無法馬上見到結果的目標，就是有實現價值的目標。嘗試過一次又一次的錯誤，最終總算成功了，那麼之前的失敗就不只是失敗，而是抵達成功的必經過程。

第6章
讓人生大逆轉！
「G+PDCA」魔法

應辦事項

放手事項

往目標前進時，
「G+PDCA」框架可以助你一臂之力。
學習這個框架，實現自己想要的人生吧。

「框架」激發你的行動

我們大多數的行動，都是在不加思索的下意識狀態下進行的。這稱為「框架」，是PDCA循環的重要概念。

　　在本章中，我要說明「PDCA筆記」的製作方式，為你提供達成目標的有效助力。學習PDCA時，希望你務必理解一個概念，亦即「框架」。框架是指人們平時所採取的下意識行動。如下圖所示，駕駛汽車時，不經思考也可以不超越道路中線，或把車子停在白線框起的停車格內。這些不經意識的行動，就稱為「框架」。

我們透過「框架」在行動嗎？

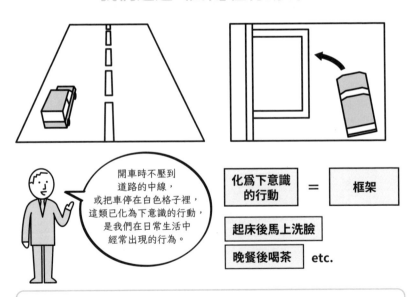

開車時不壓到道路的中線，或把車停在白色格子裡，這類已化為下意識的行動，是我們在日常生活中經常出現的行為。

化為下意識的行動 ＝ 框架

起床後馬上洗臉

晚餐後喝茶 etc.

學習PDCA時，必須先了解的是框架的概念。
框架是我們平常的習慣、已成為下意識的行動。

也可以說，我們被不加思索而下意識採取的行動＝框架所支配，深受框架的影響而活著。如果反過來利用這一點，將我們為了達成目標所需採取的行動「框架化」，就不需要依靠意志力來支撐，不用思考就能完成很多事了。換句話說，這是思考的節能。PDCA循環也是透過把個別的程序框架化，讓人不需要倚賴意志力，就能自動跑流程。

使用框架來達成思考的節能

意志力有極限

想靠意志力來做所有事，也會遇到極限⋯⋯

意志力

利用框架來省力

框架　框架　框架　框架
P ▶ D ▶ C ▶ A

將PDCA循環的行動框架化，成為可自動執行的動作！

世界級的頂尖人士也採用框架！

我的框架是在開會時，鎖定三個創意構想

「3個M」的節約框架，改善業務效率！

TOYOTA

因為意志力有限，在每一個行動之前，若都要煩惱、思考一次，很容易產生挫折。但是，將行動「框架化」後，在下意識的狀態下即可自動執行，不僅能節省思考的能量，也更易達成目標

PDCA循環是為了嘗試錯誤而存在

PDCA循環是為了「嘗試錯誤」而誕生的框架。甚至說它是為了反覆嘗試錯誤而準備的工具，也不為過。

在第146頁中提到，想達成目標，最重要的是「不要放棄嘗試錯誤」，而PDCA循環正是為了嘗試錯誤而生的工具。如下圖所示，PDCA循環是Plan、Do、Check、Action的首字縮寫，是達成目標、進行改善時，用來嘗試錯誤的架構。也就是說，在重複嘗試錯誤時，透過運轉PDCA循環，就可以執行正確的嘗試錯誤。

PDCA是為了嘗試錯誤而生

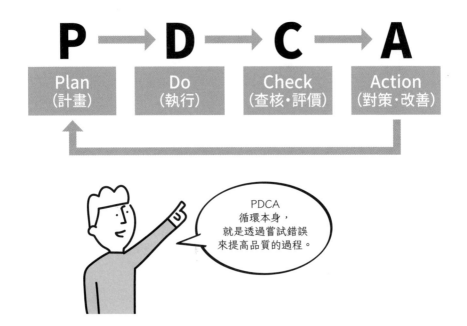

PDCA循環本身，就是透過嘗試錯誤來提高品質的過程。

實行PDCA循環時的重點，在於「預備！射擊！瞄準！」的思考方式。乍看之下，將「射擊！（行動）」放在第二階段有點詭異。不過，這是對的。先採取行動，之後再進行修正。在行動前察覺不到的各種狀況，會在行動之後一一浮現，因此容易進行改善。若是在「瞄準！」上花費太多時間，反而很難跨出第一步。

嘗試錯誤，　正是達成目標最確實的方法

預備！　➡　射擊！　➡　瞄準！

行動　➡　修正

一般的順序
是預備！瞄準！射擊！，
將瞄準（修正）
挪到最後，
能讓行動加速。

達成目標不可或缺的是「嘗試錯誤」。要能夠持續進行嘗試錯誤，遵守「先採取行動再修正」的順序，相當重要。

03 將PDCA循環活用在「人生的願景」上

PDCA循環不僅是用來處理目前任務的工具而已。它也可以用來實現更高層次的人生願景。

　　或許有讀者認為PDCA循環，只能應用在目前的工作或專案上。不過，PDCA循環這項工具，其實能運用在更遠大的事項上。更遠大的事項是指「自我實現」或「實現人生的願景」等。當你被眼前的工作一直追著跑時，是否會迷惘自己是為了什麼而生的呢？而且，你真的可以一直處在這種狀態下嗎？

你抱著人生願景而活嗎？

蘋果電腦創辦人
史蒂夫·賈伯斯

我到底為何而活？活著應該要懷抱更大的願景……

如果今天是人生的最後一天，今天預定要做的，是我真正想做的嗎？

PDCA循環不僅可以用來達成每天的工作目標，也可以用在實現人生願景這類較高層次的目標上。

沒有願景的人生，就像下圖的「牛奶拼圖遊戲」，枯燥無味，缺乏重點。而且，就算完成了一幅沒畫上一筆的圖畫，能得到什麼成就感呢？要不要試試看，讓自己的人生為比工作更遠大的目的而活呢？在試圖實現人生願景時，也可以運用本書介紹的PDCA循環來協助你。缺乏願景的人生，得不到任何成就感。請懷抱願景吧。

讓人生更美好的提示

明白沒有願景的人生，毫無樂趣

就像一片雪白的牛奶拼圖一樣，沒有重點……

自問只過著勤奮工作的人生就好了嗎？

每天從早到晚努力工作，年紀越來越大了，這樣好嗎……

懷抱人生願景而活！

懷抱比目前工作更高層次的願景，過上豐富的人生吧！

人生願景

PDCA蘊藏著極大的潛能。學會這個方法後，除了運用於每天的工作，也運用在自我實現與人生的願景上吧！

04 越成功的人，重複嘗試錯誤的次數越多

再怎麼天資聰穎的優秀人士，也不可能在第一次嘗試時就成功。要獲得成功，就要活用PDCA循環，持續進行嘗試錯誤。

即使是頂尖的優秀人士，在抵達成功之前，都在重複無數次的「嘗試錯誤」。這個世界上並不存在第一次做任何事就成功的人。失敗是理所當然的，這句話適用於每一個人。成功與不成功的人，他們之間的決定性差異在「嘗試錯誤直到最後一刻，或是輕言放棄」。嘗試錯誤，是為了改善而存在的架構。用嘗試錯誤來改進自己做過的事，堅持繼續挑戰，是成功的必經歷程。

嘗試錯誤， 正是導向成功的確實途徑

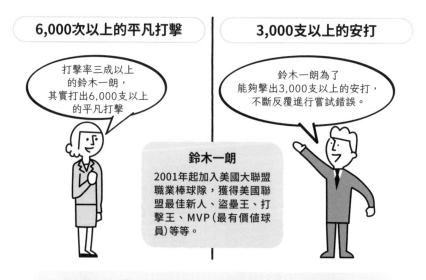

6,000次以上的平凡打擊

打擊率三成以上的鈴木一朗，其實打出6,000支以上的平凡打擊

3,000支以上的安打

鈴木一朗為了能夠擊出3,000支以上的安打，不斷反覆進行嘗試錯誤。

鈴木一朗

2001年起加入美國大聯盟職業棒球隊，獲得美國聯盟最佳新人、盜壘王、打擊王、MVP（最有價值球員）等等。

不僅是鈴木一朗選手，成功人士都在持續「嘗試錯誤」。進行多次嘗試，並不斷改善，是通往成功的確實途徑。而進行嘗試錯誤的最佳方法就是PDCA循環。

嘗試錯誤是一次又一次反覆進行的，因此應該將PDCA循環「框架化」。框架是指我們平常下意識採取的行動，所以讓「計畫」、「執行」、「查核‧評價」、「改善」這四個循環，在不加思索的狀態也能自動反覆運轉，就能一次又一次的嘗試。反過來說，非框架化狀態下運轉PDCA循環，只要嘗試一次錯誤就會相當疲勞，所以請在下意識的狀態下重複進行嘗試錯誤吧。

將PDCA循環框架化

Plan（計畫）………………………設定目標，製作達成目標的行動計畫

Do（執行）……………………將計畫付諸實行

Check（查核‧評價）………評估是否按照計畫實行

Action（對策‧改善）………以透過查核而釐清的課題為基礎，思考如何改善

讓上面的各項程序，成為下意識的行動＝框架，實行起來就不會有負擔。

是的，可以說PDCA是實行嘗試錯誤的最佳方法。

若說PDCA循環是為了嘗試錯誤而生的方法，也不為過。
每天都活用PDCA循環來達成目標吧。

05 | PDCA框架，只需要一本 A4筆記本和一支筆

只要有一本A4筆記本和一支筆，任何人都能製作PDCA筆記。事不宜遲，趕快來製作自己的PDCA筆記。

接下來，我要說明PDCA筆記的具體書寫方式。PDCA筆記的製作方式相當簡單。只要有A4大小（若有方格更好）的筆記本和筆就足夠了。請參考下圖，試著製作看看。不用A4大小的筆記本不行嗎？不能用便條紙，一定要筆記本嗎？有些讀者或許會考慮其他用品，但我不建議。因為筆記本的尺寸等同於思考的尺寸，而便條紙不能當成紀錄保存下來。

製作PDCA筆記的準備道具

必要的道具只有A4筆記本和筆而已。盡量選用方格筆記本。

推薦A4方格筆記本的理由

- 因為筆記本尺寸＝思考尺寸，所以推薦較大的A4筆記本
- 在方格筆記上可以描繪得很整齊，容易製作框架

把PDCA寫在筆記本上。
你或許會想只要是A4大小就可以，那麼也可以使用複印紙吧？
但PDCA是要每天記錄的，而且之後也可以翻閱回顧，
所以一定要用筆記本。

話雖這麼說，但沒有親自操作一下PDCA循環，就沒辦法產生「實際體驗」，所以也可以先寫在自己喜歡的用品上。在日期與標題欄，清楚寫下操作這個PDCA循環的目的。或者，也可以寫下「想達成什麼樣的目標？」之類的描述。不限於目前每天的工作，連更遠大的人生願景等，也可以用這種格式的PDCA筆記來記錄。

PDCA筆記的製作方式

1 在上方畫一條橫線，正中間畫一條直線

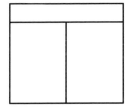

橫放筆記本，
距頂端3～5cm處畫一條橫線，
正中央畫一條直線

2 下方分成四等分

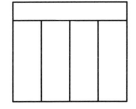

橫線下方的部分，
畫直線分成四等份

3 上方欄位記錄日期與標題

寫下日期與標題。
標題可以是
今天的目標或課題等。

4 分配PDCA的欄位

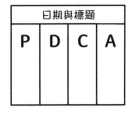

在下面分成
四等份的欄位裡，
左至右依序寫上PDCA。

PDCA筆記不僅可用來做每天的記錄，
還可以分成實現更長遠目標的筆記，
或是以專案、專案工程區分的筆記，做各式各樣的運用。

將G加在PDCA前面的理由

做好PDCA筆記後，請如條件反射般在P欄畫下G（目標）框架。缺乏目標的PDCA循環毫無意義。

製作PDCA筆記時，請留意要在P（Plan：計畫）欄的最開頭放上「G」框架。G是「Goal（目標）」的首字。在操作PDCA循環最初的階段，就要決定PDCA的「目標」。而且要把目標框起來。亦即製作PDCA筆記時，請不加思索地在P欄寫入G，並寫上目標。

寫PDCA筆記的第一步驟「G」

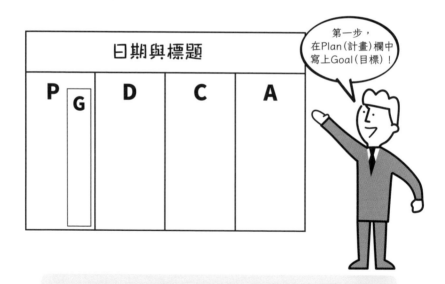

Goal（目標）是最初製作此PDCA筆記的目的。先確定好目標，之後PDCA的所有步驟也會連帶地明確起來。

為什麼應該將G放在PDCA之前呢？理由是，目標不明確的PDCA（嘗試錯誤），會變得像無頭蒼蠅一樣亂竄；在目標尚未確立的狀況下，只會不斷地在步驟與步驟之間打轉，毫無進展。另外，請盡量以具體的事物來設定目標，如「含有數值的目標」。若是「自己能夠控制的目標」就更好了。

缺乏目標(G)的PDCA會迷失方向

我的目標是〇〇！
朝著目標
執行PDCA吧！

確立目標後，
PDCA執行起來很順暢，
目標也達成了！

Goal（目標）的具體範例

今天要獲得二位新客戶

這星期要找到五位新人材

二個月內要通過證照考試

做好PDCA筆記後，在P欄先寫下G（目標），並請「下意識」地填入目標。如果寫G+PDCA成為一種自然而然的狀態，那麼框架就形成了

G（目標）是能夠想像出來的影片

人無法實現難以用影片想像出來的事物。設定G（目標）時，請留意它是否能視覺化，能不能想像出自己達成目標的情景。

　　在PDCA之前放上G（目標）的重要性，即使講千萬遍也不為過。而且我認為把PDCA筆記稱為「G+PDCA筆記」甚至更適切。這樣就不會忘了在P之前一定要先寫上G（目標）了。而要完成目標，就要先定義它，並做出宣言，清楚地表達出自己想實現的意圖。如此一來，你的努力就不會白費，最終就能獲得成功。

愛迪生名言的真意？

發明大王
湯瑪斯·愛迪生

有1%的靈感，就不需要做99%無謂的努力。

愛迪生的這句名言長期被誤傳為「天才是1%的靈感加上99%的汗水」。

湯瑪斯·愛迪生這句話的真意，
或許是：要達成目的，並非埋頭苦幹就好，
重要的是描繪出清晰的目標，並重複嘗試錯誤。

那麼，應該怎麼設定G（目標）呢？人的特徵之一，是無法達成自己眼睛看不到的、無法用影像描繪出來的事物。所以，在設定G（目標）時，請自問一下，它是可以視覺化的影像嗎？接著再問：它可以寫在紙上，化成語言嗎？如果是可以想像的影片、可以化做文字寫下來的，那這個G（目標）就是可能實現的目標。

人無法實現眼睛看不到的事物！

能夠想像自己
達成目標時的影片嗎

以文字等眼睛看得見的
物理形式來描述目標了嗎？

目標

1. ■■■■
2. ■■■■

若沒有
轉換成語言，
再透過
文字寫在紙上，
就稱不上是目標

在PDCA前面加上G時，
一定要注意G(目標)是否足夠明確。
請確認一下上圖所示的兩點。

G＋PDCA

執行缺乏目標
的PDCA，
很快就會迷失方向，
讓心血白費。

G(目標)若不夠明確，
即使執行PDCA，也無法獲得很好的成果。

08 遇到臨時交辦工作時的因應方式

突然遇到規劃外的工作時，PDCA循環也運轉不動了。要如何避免這種狀況呢？

即使用了PDCA循環，或第2章所介紹的任務筆記等工具來管理工作，仍會遇到進展不如預定的情況。理由在於突發狀況和臨時被交辦的工作，是職場中司空見慣的事。例如，上司交待的工作或來自客戶的洽詢。突然插進不在預定行程中的工作，專注力就被中斷了，可能也會導致無法完成應該在當天完成的工作。

PDCA無法如預期運轉的原因

臨時交辦的工作，擾亂了預定規劃

那份企劃書竟然在這時候退回來，完全出乎意料之外……

出現預定外的突發工作時，PDCA循環就會產生混亂，無法按照預定規劃行事。要避免這種情況，該怎麼做才好呢？

為了應付預料外的狀況，可以先設下「**緩衝**」。緩衝是指本書前面提到（第29頁）的備用時間。另外，也可以為框架設下開始與結束時間，透過訂下期限以提高目標達成率的特點，來提升效率。另外，也謹記不必事事追求完美，不須執著於將PDCA循環運轉到100%，只要達到80%左右，就可以卸下肩頭的重擔了。若執著於100%的達成率，反而會讓自己綁手綁腳，缺乏彈性，產能也會下降。

因應臨時交辦工作的方法

預先設下緩衝

上班時間	緩衝

預先設下因應臨時交辦工作的時間，就有餘裕了。

決定工作的開始·結束時間

工作時間

開始時間　　　　結束時間

下定決心在結束時間前完成工作，就會配合此目標來執行工作。

割捨20%非本質性的工作

80%	20%

不必要求工作做到滿分100分，以維持80分的心態來工作。

「無法按照計畫進行」，是很多人對PDCA循環退避三舍的原因。事先想定會有預期外的工作插進來，那麼不管遇到任何情況，循環都能順利運轉。

09 有助於選擇取捨工作的「GTD法則」

在高速運轉PDCA時，不能對所有的工作來者不拒。學習GTD法則，會對你選擇取捨工作時相當有幫助。

　　採用G+PDCA筆記來管理工作，如果對突然被交辦的工作照單全收，會超出自己的負荷，陷入過載狀態。想要工作有效率，就不要接受所有的工作，也就是說，「決定放手的工作」也很重要。如此一來，G+PDCA循環的運轉會更加快速，達成目標的時間也會大幅縮減。那麼，要如何才能減少工作呢？

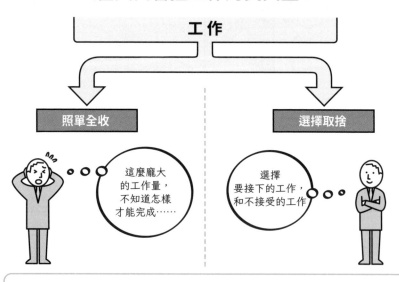

在入口管控工作的質與量！

工作

照單全收

這麼龐大的工作量，不知道怎樣才能完成……

選擇取捨

選擇要接下的工作，和不接受的工作

PDCA循環能否順利運轉，與我們的負荷量有關。
如果接受所有的工作，循環就無法順利運轉下去。
必須在工作的入口處就開始管控。

美國的效能諮詢師大衛・艾倫（David Allen）所開發的「GTD法則」，適合與PDCA搭配使用。它的最大特點是利用「入口控制」來決定是否要接受工作。目前為止的工作效率化方法，幾乎都著重於如何處理已經接下的工作，而GTD法則是基於「工作只能在入口處管控」的概念而開發的。

加速PDCA循環的「GTD法則」

GTD法則
Getting things done
「搞定工作」

由美國的效能諮詢師大衛・艾倫所提出，主張在入口處就進行工作質量的管控以提高生產力的方法。

運用GTD法則的好處

對接下來的任務，明確界定了該如何行動

想請你做這件工作⋯⋯

那個工作應該是這樣做吧⋯⋯

在入口處選擇是否接下任務成了先決條件

可以請你做這項工作嗎？

這件事拒絕比較好⋯⋯

10 PDCA高速化!GTD法則的4個步驟

利用GTD法則來選擇取捨被交辦的任務,有助於G+PDCA循環的高度加速化。

現在來介紹GTD法則的具體方法。如下圖所示,GTD法則由四個步驟所構成。第一是判斷「是該做的工作嗎?」,第二是審慎評估「內容複雜嗎?」,第三是「能否能在兩分鐘之內完成?」,第四是「應該自己做嗎?還是委託別人做?」。這是一套回答「是」或「否」的流程圖。請邊看圖邊自問,並回答「是」或「否」。

GTD方法的4個步驟

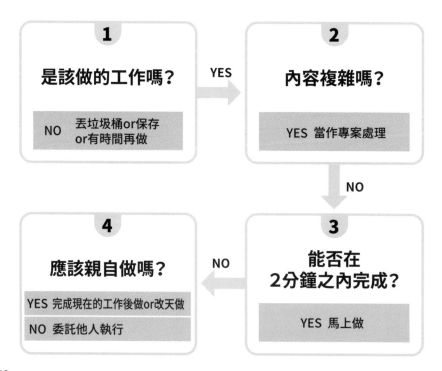

看著流程圖自問自答後，可能會發現原本想接手的工作，原來不需要自己處理也可以。也可能會發現在最初的階段就「不接受比較好」，或不應該做這工作。不過，即使導入GTD法則，仍然會遇到無論如何都**無法放棄的不必要任務**。這時，請參考下圖所示的方法，經歷幾個階段，逐漸放掉吧。

該如何處理無法放棄的不必要任務？

步驟1
試著放棄看看

放棄這個任務會得到什麼反應呢？試試看吧

步驟2
有了放棄也沒問題的實例

建立了一個放棄這項工作但沒導致問題的實例了！

步驟3
徹底放棄

已經有了實例，也沒有人來詢問，放棄！

GTD法則最重要的部分在於「入口」。只要在最初做好接受或拒絕工作的決定，PDCA循環就能順利運轉，並確實達成目標！

「超圖解筆記」的出發點是夢想

在夢想著要成為稅務顧問的時期，我把實現夢想的必要事項都寫在筆記本上。同時也製作了放手清單，克服了打遊戲、看電影、連續劇等誘惑，也不將目光轉移到其他證照考試或自我啟發，將注意力集中在準備考試上。封印了那些次要事項，透過聚焦一個目標，全力挑戰稅務顧問證照考試，是最終成功的原因。取得證照後，我專注在學習成為研討會講師，習得在眾人面前說話的技巧，之後也實現了出版的夢想。

超圖解筆記是一種目標達成率120%，並且能實現理想自己的魔法。

將必要的事項寫在筆記本上，意識就會轉向寫下來的任務。一旦寫下「成為稅務顧問」，就會去尋找稅務顧問相關的書籍，也會發現專門學校的簡介，察覺至今沒有意識到的事物。

接下來，訂立能夠實現夢想（目標）的計畫，以一個月為單位細分化，再細分出一個又一個的問題，解決後就用紅筆打個圈。

這就是本書介紹的筆記的起點。這筆記原本就不單是用來處理工作任務，而是一本實現夢想的筆記。

說到底，也沒有區分兩者的必要。因為處理工作與實現夢想（細分化後，逐項去實現目標），方法是相同的。

一旦在筆記本上寫下夢想，釐清要做的事，每天的生活就會發生改變。而細分化後的目標，就執行G+PDCA來達成。

缺乏人生目標的人，日子會過得很散漫。

這樣的讀者，請意識到人生的期限，先從把夢想寫在筆記本上開始。把夢想當作目標，就會想要過得有意義了。

使用超圖解筆記來迅速完成工作，把空出來的時間用來實現夢想，人生就會發生巨大的變化。

意識到了期限，產生危機感，就不會再浪費時間了。

如果人生有80年，相當於4200個禮拜。

如果你今年40歲，就只剩下2100個禮拜了。2100看似很多，其實就只有本書4頁的文字量而已。

不覺得很少嗎？你沒有時間可以浪費了。

但30年後或40年後終將來到的人生「期限」，實在是太遙遠了。或許有很多人無法產生切身之感。

若是如此，就將夢想細分成幾部分，分別設下期限就可以了。浪費珍貴的今天、浪費如生命般寶貴的時間的日子，就到此為止吧。

最後，要藉此機會向出版本書時關照過我的各位致謝。

謝謝寶島社的所有同仁將本書列在暢銷的「超圖解筆記」系列裡。如果我的筆記術知識對各位讀者有所助益，將令我感到光榮。

株式會社Family Magazine的渡邊亨先生。幫忙檢查稿件並蒐集資料、提供構想等，提供了相當大的協助。

GRID Consultant的野口雄志社長、株式會社Alea Ludere的細谷知司代表董事長CEO，謝謝你們的良言忠告。

還有，閱讀本書的你。

若這本書能讓你意識到時間就是生命，啟發你活出充實的人生，將是我的榮幸。

石川 和男

用語索引

● 參考文獻

『仕事が速い人は、「これ」しかやらない ラクして速く成果を出す「7つの原則」』石川和男／PHP研究所
(繁體中文版《先做這件事，馬上交出成果》／大是文化)

『残業ゼロのノート術』石川和男／きずな出版

『僕たちに残されている時間は「朝」しかない』石川和男／総合法令出版

『30代で人生を逆転させる1日30分勉強法』石川和男／CCCメディアハウス

『すぐやる人の「やらないこと」リスト』塚本亮／河出書房新社 (繁體中文版《管理，就是先決定不做的事》／大是文化)

『しないことリスト』pha／大和書房 (繁體中文版《不辦清單：史上最不勵志的爛泥哲學書》／時報出版)

『自分を劇的に成長させる！ PDCAノート』岡村拓朗／フォレスト出版
(繁體中文版《讓自己快速進化的PDCA筆記術》／時報出版)

『最短で目標を達成する！ PDCAノート』岡村拓朗／フォレスト出版

● 參考網站

ZUU online　バフェットが勧める「やらないことリスト」の作り方
https://zuuonline.com/archives/243121

● STAFF（日文原書）

編輯協助	渡邊亨（Family Magazine）
執筆協助	山下孝子、佐古京太、谷津潮音、野口聖（Family Magazine）、苅部祐彦
內文插圖	桜井葉子、すがのやすのり、柴山ヒデアキ（アルフハイム・スタジオ）、大塩妃芙子、渡邊史、新津英夫
封面設計	小口翔平＋畑中茜＋青山風音（tobufune）
封面插圖	別府拓（Q.design）
內文排版・DTP	松原卓、西川太郎（dot-tetre）

作者 石川和男（Kazuo Ishikawa）

1968年生於日本北海道。畢業於錄取所有考生的高中，以及只要會寫名字就能畢業的夜間部大學（而且還留級），之後進入中小型的建設公司就職。被分配到總務部，卻因完全不懂簿記知識，每天遭受主管大聲斥責。25歲之後，突然心生一念：「我不想就這樣結束一生」，因此奮發圖強。透過購買商管書籍、參加研討會，學到時間管理的知識，並透過親身實踐，確立了不降低生產力卻減少加班的工作術。以自身學得的「時間管理術」為基礎，撰寫了25本書。以簡單明瞭的內容說明人人都容易實踐的知識書，受到日本全國商界人士的好評，上市沒幾天就再版。此外，也利用在工作時活用的PDCA循環法則，習得了高效率的學習法。在工作期間，取得日商簿記3級、2級、建設業經理士2級、1級、宅地建物交易士的資格。稅務顧問考試也合格，目標達成，創業。另外，將PDCA循環法則運用在提升技能、瘦身，讀書等各種情境，因此在新公司入社未滿一年即升任課長（創該公司設立以來最短紀錄）。另一方面，以稅務顧問、講師、時間管理顧問的身分，經常在公司內、外進行指導。

超圖解　改變人生的「放手清單」：

30萬人實證！夢想達成率120%的時間管理魔法筆記，
不加班也能達到業績，甚至更好，創造你的夢想人生！

作　　　　者／石川和男
翻　　　　譯／洪　伶
責 任 編 輯／謝孟融
美 術 編 輯／賴　賴

總　編　輯／賈俊國
副 總 編 輯／蘇士尹
編　　　　輯／黃　欣
行 銷 企 畫／張莉滎、蕭羽猜、溫于閎

發　行　人／何飛鵬
法 律 顧 問／元禾法律事務所王子文律師
出　　　版／布克文化出版事業部
　　　　　　115台北市南港區昆陽街16號4樓
　　　　　　電話：(02)2500-7008傳真：(02)2500-7579
　　　　　　Email：sbooker.service@cite.com.tw
發　　　行／英屬蓋曼群島商家庭傳媒股份有限公司城邦分公司
　　　　　　115台北市南港區昆陽街16號8樓
　　　　　　書蟲客服服務專線：(02)2500-7718；2500-7719
　　　　　　24小時傳真專線：(02)2500-1990；2500-1991
　　　　　　劃撥帳號：19863813；戶名：書蟲股份有限公司
　　　　　　讀者服務信箱：service@readingclub.com.tw
香港發行所／城邦（香港）出版集團有限公司
　　　　　　香港九龍土瓜灣土瓜灣道86號順聯工業大廈6樓A室
　　　　　　電話：+852-2508-6231　　傳真：+852-2578-9337
　　　　　　Email：hkcite@biznetvigator.com
馬新發行所／城邦（馬新）出版集團Cité(M)Sdn.Bhd.
　　　　　　41,JalanRadinAnum,BandarBaruSriPetaling,
　　　　　　57000KualaLumpur,Malaysia
　　　　　　電話：+603-9056-3833　　傳真：+603-9057-6622
　　　　　　Email：services@cite.my
印　　　刷／卡樂彩色製版印刷有限公司
初　　　版／2025年2月
定　　　價／380元
Ｉ Ｓ Ｂ Ｎ／978-626-7518-71-7（平裝）
Ｅ Ｉ Ｓ Ｂ Ｎ／978-626-7518-72-4（EPUB）

目標が120%達成できる！理想の自分になれる！やらないことリストのつくり方見るだけノート
Copyright © 2023 by Kazuo Ishikawa
Original Japanese edition published by Takarajimasha, Inc.
Chinese traditional translation rights arranged with Takarajimasha, Inc.
through Beijing TongZhou Culture Co. Ltd., China.
Chinese traditional translation rights © 2024 by城邦文化事業股份有限公司

城邦讀書花園
www.cite.com.tw　WWW.SBOOKER.COM.TW
布克文化